乡贤文化视域下
公费定向师范生教育研究

闫 闯 ◎ 著

吉林大学出版社

长春

图书在版编目（CIP）数据

乡贤文化视域下公费定向师范生教育研究 / 闫闯著
. -- 长春：吉林大学出版社, 2021.6
ISBN 978-7-5692-8420-1

Ⅰ. ①乡… Ⅱ. ①闫… Ⅲ. ①师范教育－研究 Ⅳ. ①G65

中国版本图书馆 CIP 数据核字(2021)第 130714 号

书　　名	乡贤文化视域下公费定向师范生教育研究
	XIANGXIAN WENHUA SHIYU XIA GONGFEI DINGXIANG SHIFANSHENG JIAOYU YANJIU
作　　者	闫　闯　著
策划编辑	卢　婵
责任编辑	卢　婵
责任校对	单海霞
装帧设计	黄　灿
出版发行	吉林大学出版社
社　　址	长春市人民大街 4059 号
邮政编码	130021
发行电话	0431-89580028/29/21
网　　址	http://www.jlup.com.cn
电子邮箱	jdcbs@jlu.edu.cn
印　　刷	武汉鑫佳捷印务有限公司
开　　本	787 毫米×1092 毫米　1/16
印　　张	13.75
字　　数	160 千字
版　　次	2022 年 1 月　第 1 版
印　　次	2022 年 1 月　第 1 次
书　　号	ISBN 978-7-5692-8420-1
定　　价	98.00 元

版权所有　翻印必究

前 言

乡村振兴，教育先行。振兴乡村教育，助推振兴乡村。乡村教育的变革与发展，乡村教师队伍建设尤为重要。造就一支热爱乡村、数量充足、素质优良、充满活力的乡村教师队伍，成为推进乡村振兴、缩小城乡差距和加速乡村教育现代化的客观要求和重要途径。关键的问题在于：如何培养乡村教师？对此，全国各省相继实施了乡村学校公费定向师范生教育计划，旨在培育一批"下得去、留得住、教得好、有发展"的乡村教师。这为乡村教育精准补充乡村教师提供了可能。

乡村教师本是专业性与公共性的统一体，承担着教书育人与建设乡村的责任与使命。陶行知认为，"好的乡村教师，第一有农夫的身手，第二有科学的头脑，第三有改造社会的精神"，"乡村教师做改造乡村生活的灵魂"。纵观中国乡村教师的发展历史，作为公共性表现的乡贤身份，乡村教师乡贤身份担当是一种由来已久的历史传统，乡贤身份变为遗传在乡村教师身上的一个文化基因。在乡村振兴背景下，公费定向师范生教育立足于乡贤文化理念培养乡村教师，既是满足乡村振兴战略的客观需要，又是继承乡贤身份担当的历史要求。当然，我们不能夸大乡村教师建设乡村、服务乡村、振兴乡村的价值和功能，更不能在职前教育中唯乡贤文化至上。乡贤文化视域下公费定向师范生教育面临着各种各样的问题和难题，需要深入研究与探讨。

本书基于新时代"注重发挥乡村教师新乡贤示范引领作用"的政策呼吁，从乡贤文化视角探讨公费定向师范生的职前培养问题。在确证乡村教师何以成为时代乡贤的基础上，主要对公费定向师范生教育的政策目的、文化偏向、乡情不足、价值定位进行分析论证。这对公费定向师范生教育具有一定的理论指导价值和现实参考意义。本研究算是抛砖引玉之作，希望引起学界对乡贤文化视域下公费定向师范生教育的关注与讨论，同时欢迎批评指正！

最后，需要说明的是，本书是岭南师范学院创建国家教师教育创新实验区教育教学研究课题"新乡贤文化视域下公费定向师范生培养模式研究"、岭南师范学院一流专业建设点（小学教育）、岭南师范学院燕岭优秀青年教师培养计划项目的研究成果，在此感谢学校和学院的支持和资助！

目 录

绪 论 ………………………………………………………… 1
  一、问题缘起 ………………………………………………… 1
  二、本书概要 ………………………………………………… 9
第一章　培育乡村教师：公费定向师范生教育计划的目的 …… 14
 第一节　培育"下得去"的乡村教师 …………………………… 15
  一、定向培养，破解"下不去" …………………………… 16
  二、契约约束，倒逼"下得去" …………………………… 18
  三、就业保证，吸引"下得去" …………………………… 21
  四、两免一补，强化"下得去" …………………………… 23
 第二节　培育"留得住"的乡村教师 …………………………… 25
  一、限期服务，确保"留得住" …………………………… 26
  二、违约惩罚，迫使"留得住" …………………………… 28
  三、地缘关系，增强"留得住" …………………………… 31

第三节 培育"教得好"的乡村教师 ·················· 34
一、德育为先，引领"教得好" ·················· 35
二、能力为重，正视"教得好" ·················· 37
三、面向乡村，优化"教得好" ·················· 39
四、强化实践，生成"教得好" ·················· 40

第四节 培育"有发展"的乡村教师 ·················· 42
一、设置目标，培养"有发展" ·················· 43
二、鼓励升学，推动"有发展" ·················· 45
三、提升技能，促进"有发展" ·················· 47

本章结语 ·················· 49

第二章 成为时代乡贤：乡村教师乡贤身份的角色重塑 ·················· 52

第一节 乡村教师乡贤身份的时代流变 ·················· 53
一、治教合一的人生追求：乡村教师乡贤身份的古代镜像 ··· 54
二、治教兼具的家国情怀：乡村教师乡贤身份的近代面貌 ··· 55
三、治教分离的乡土悬浮：乡村教师乡贤身份的现代境遇 ··· 57

第二节 乡村教师乡贤身份的衰落根源 ·················· 62
一、特殊阶层：国家法定建构的"历史性"成效 ·················· 63
二、知识仆人：专业主义引领的"空间性"结果 ·················· 64
三、教学工人：技术官僚规训的"社会性"产物 ·················· 66
四、唯教至上：离土离乡趋向的"向城性"结局 ·················· 67

第三节 乡村教师乡贤身份的重构价值 ·················· 69
一、引领乡村教化，塑造文明乡风 ·················· 70
二、强化乡村生产，推动乡民致富 ·················· 71
三、加强以德治村，优化乡村治理 ·················· 72

四、拯救乡童心灵，改造精神生活 ……………………… 73
　第四节　乡村教师乡贤身份的时代扣问 …………………… 74
　　　一、新时代乡村教师乡贤身份的重构可能 …………… 75
　　　二、新时代乡村教师乡贤身份的重构困境 …………… 80
　　　三、新时代乡村教师乡贤身份的重构路径 …………… 84
　本章结语 ………………………………………………………… 87

第三章　城市中心导向：公费定向师范生教育的文化偏向 …… 91

　第一节　公费定向师范生教育的"城市化"现象 ………… 92
　　　一、文化偏向的发生逻辑 ………………………………… 93
　　　二、普遍存在的城市导向 ………………………………… 96
　　　三、普遍知识的地方困境 ………………………………… 98
　第二节　公费定向师范生教育的"城市化"表现 ………… 100
　　　一、"向城市化"的培养目标 …………………………… 101
　　　二、"无乡土性"的课程体系 …………………………… 109
　第三节　公费定向师范生教育的"城市化"后果 ………… 117
　　　一、城市教育价值观的胜利与地方知识的压制 ……… 118
　　　二、乡村教育责任感的淡化与逃离乡村的涌现 ……… 119
　　　三、精神家园归属感的飘摇与知识分子的忧郁 ……… 121
　本章结语 ………………………………………………………… 122

第四章　乡土情怀不足：公费定向师范生教育的内在隐忧 …… 124

　第一节　公费定向师范生入学动机调查 …………………… 125
　　　一、调查设计：对象与工具 ……………………………… 126
　　　二、研究结果：数据与分析 ……………………………… 128
　　　三、研究讨论："免费第一"的入学动机 ……………… 135

四、研究结论："先天不足"的乡土情怀 …………………… 138

第二节　公费定向师范生学业成就窥探 …………………… 139

一、研究设计：对象与工具 …………………………… 140

二、研究结果：数据与分析 …………………………… 143

三、研究讨论："专业至上"的学业成就 ………………… 164

四、研究结论："后天缺失"的乡土情怀 ………………… 167

本章结语 ……………………………………………………… 169

第五章　乡贤文化自觉：公费定向师范生教育的价值定向 …… 170

第一节　公费定向师范生教育的乡贤文化自觉 …………… 172

一、各美其美：凸显"乡土性" ………………………… 172

二、美人之美：欣赏"城市化" ………………………… 174

三、美美与共：增进"融合性" ………………………… 176

第二节　公费定向师范生教育的乡贤文化实践 …………… 178

一、热爱教育与热爱乡土结合的培养目标定位 ………… 179

二、师范知识与乡土知识协同的课程体系建构 ………… 181

三、个体需要与家国期待并举的学习投入引导 ………… 184

第三节　公费定向师范生教育的乡贤文化愿景 …………… 186

一、作为乡村知识分子 ………………………………… 187

二、走向乡村教育家 …………………………………… 188

三、成为时代新乡贤 …………………………………… 191

本章结语 ……………………………………………………… 192

参考文献 ……………………………………………………… 194

后　　记 ……………………………………………………… 207

绪　论

一、问题缘起

在中国古代教育发展过程中，师范教育并未形成专门类别。清末以后，西学东渐，师范教育遂成为"舶来品"。它是西方教育制度在中国本土的传播与发展。"中国近代之有师范教育，始于南洋公学。"[①]1897年4月8日，南洋公学师范院正式开学上课，成为中国教育史上的第一所师范学校，标志着中国新式师范教育的开端。1902年，清朝政府颁布《钦定学堂章程》，正式规定师范教育系统。同年，重建京师大学堂，成立师范馆，首开中国高等师范教育之先河。无论是南洋公学师范院，还是京师大学堂师范馆，中国师范教育开始之初，秉承着免费教育的基本原则，即中国历史上最早的师范生就享受免费的师范教育。譬如，南洋公学师范院实行膏火制度和廪膳制度，对学生免收学杂费、发放津贴；京师大学堂师范馆在校学生的

---

① 陈青之.中国教育史[M].北京：东方出版社，2008：490.

学习费用由政府承担。

从1897年到1997年，在中国百年师范教育历史中，其间虽有阶段性的反复变化，但一直给予师范生优惠待遇，免除学费，发放津贴，形成了以免费教育制度为主的师范生免费教育历史传统。[①]1997年以后，伴随师范生与非师范生的并轨招生，加上中国高校扩招的影响，一些公办师范院校开始向师范生收取部分学费。接着，教育部、国家计委（现国家发展和改革委员会）、财政部发布《关于2000年高等学校招生收费工作若干意见的通知》以后，全国各省份开始对师范专业学生收取一定的学杂费用。如2000年7月湖北省人民政府办公厅《关于加强2000年学校招生收费管理工作的通知》（鄂政办发〔2000〕128号）明确规定："师范专业学费按一般专业学费标准的75%收取。"至此，师范生免费教育的历史传统逐渐枯萎。到了2003年，1999级师范生毕业以后，全国高等师范院校全部实行缴费上学制度，师范生免费教育暂时退出了历史舞台。

师范生免费教育作为中国师范教育制度的历史传统，深刻影响了师范人才的培养方式和实践进程。"传统是千百年来人们的理性、智慧和经验的积累，传统是过去、现在、未来三者之间的契约。"[②]师范生免费教育的历史传统同样是国人理性、智慧和经验的凝结，虽然一度消失，但并未彻底消亡。2006年，湖南省教育厅立足于省内偏远农村小学教师补充困难的实际情况，同时为了优化农村小学教师结构，加强农村小学教师队伍建设，促进城乡教育均衡发展，在全国率先启动了五年制专科层次农村小学教师

---

① 蒋馨岚.传统与超越：师范生免费教育制度的价值研究［M］.青岛：中国海洋大学出版社，2015：44-52.

② 刘军宁.保守主义［M］.北京：东方出版社，2014：191.

的免费定向培养工作，重新开启了师范生免费教育的历史传统。湖南省农村小学教师定向培养的选拔对象是2006年38个县（市、区）的应届初中毕业生，定向培养师范生享受免交学费、杂费，且给予适当生活费补助待遇的"两免一补"政策，但需毕业后回协议县（市、区）乡镇以下小学服务5年以上。[①] 在此背景下，师范生免费教育得到了政府和社会的广泛关注。

2007年5月，《教育部直属师范大学师范生免费教育实施办法（试行）》颁布，提出"从2007年秋季入学的新生起，在北京师范大学、华东师范大学、东北师范大学、华中师范大学、陕西师范大学和西南大学六所部属师范大学实行师范生免费教育。要通过部属师范大学的试点，积累经验，建立制度，为培养造就大批优秀教师和教育家奠定基础"[②]。2013年新增省部共建师范院校——江西师范大学为免费师范生培养高校。2015年新增省部共建师范院校、福建省重点建设高水平大学——福建师范大学为免费师范生培养高校。2018年3月，教育部等五部门印发的《教师教育振兴行动计划（2018—2022年）》提出，改进完善教育部直属师范大学师范生免费教育政策，将"免费师范生"改称为"公费师范生"，此举标志着我国师范生"免费教育"正式升级为新时代"公费教育"。近些年来，四川、山西、山东、广东、河南等省份相继出台地方师范生公费教育计划，诸多省属师范大学和师范学院先后开展地方师范生公费教育。"定向培养成为近年来日益兴起

---

① 湖南省委教育工委宣传部.湖南省农村教师公费定向培养工作介绍[EB/OL].http://www.moe.gov.cn/jyb_xwfb/xw_zt/moe_357/jyzt_2017nztzl/2017_zt03/2017_zt03_hn/17zt03_yw/201705/t20170508_304048.html，2017-05-08.

② 中华人民共和国教育部.国务院办公厅转发教育部等部门关于教育部直属师范大学师范生免费教育实施办法（试行）的通知[EB/OL].http://www.gov.cn/zwgk/2007-05/14/content_614039.htm，2007-05-14.

的农村教师补充渠道。在全国31个省（自治区、直辖市）和新疆生产建设兵团出台的乡村教师支持计划实施办法中，有30个省（自治区、直辖市）将农村教师定向培养列为实施项目。"①

部属师范大学和省属师范大学的师范生公费教育政策有着明显差别，公费师范生毕业以后履行的义务大不相同。2018年7月，教育部、财政部、人力资源和社会保障部、中央编办四部门联合发布了《教育部直属师范大学师范生公费教育实施办法》，明确指出"公费师范生毕业后一般回生源所在省份中小学任教，并承诺从事中小学教育工作6年以上；到城镇学校工作的公费师范生，应到农村义务教育学校任教服务至少1年"②。教育部直属师范大学师范生公费教育旨在从全国高考学子中吸引优秀人才从事教师职业，为国家培养一大批"四有"好教师，进而推动社会上下形成尊师重教的浓厚氛围。但各个省属师范大学的师范生公费教育政策，往往遵循因地制宜的原则，满足各个地区的教师资源优化和教师队伍建设。譬如，2019年12月，山东省教育厅、中共山东省委机构编制委员会办公室、山东省财政厅、山东省人力资源和社会保障厅发布了《山东省师范生公费教育实施办法》，其中提出"公费师范毕业生一般安排到学科教师紧缺的农村学校"③。再如，2020年4月，广东省教育厅、中共广东省委机构编制

---

① 李静美.农村公费定向师范生"下得去、留得住"的内在逻辑[J].中国教育学刊，2020（12）：70-75.

② 中华人民共和国教育部.国务院办公厅关于转发教育部等部门教育部直属师范大学师范生公费教育实施办法的通知[EB/OL].http://www.moe.gov.cn/jyb_xxgk/moe_1777/moe_1778/201808/t20180810_345023.html，2018-08-10.

③ 山东省教育厅.省教育厅等4部门关于印发《山东省师范生公费教育实施办法》的通知[EB/OL].http://edu.shandong.gov.cn/art/2019/11/7/art_11990_7809238.html，2019-11-07.

委员会办公室、广东省财政厅、广东省人力资源和社会保障厅发布了《关于公费定向培养粤东粤西粤北地区中小学教师的实施办法》，同样指出"学前教育专业、小学教育专业以及面向义务教育阶段紧缺学科教师培养的体育教育专业、音乐学专业、美术学专业等公费师范生，完成学业并顺利毕业后，要到定向安排的乡镇以下农村公办学校（含村小、教学点）任教不少于6年"[1]。不难发现，新时代师范生公费教育分为两种类别：一类是指国家在北京师范大学、华东师范大学、东北师范大学、华中师范大学、陕西师范大学、西南大学等教育部直属师范大学面向师范专业本科生实行的，由中央财政承担其在校期间学费、住宿费并给予生活费补助的培养管理方式（可以简称为"国家公费师范教育"）；另一类是指在各个省属高等院校面向省内师范专业本、专科生实行的，由各个省、市、县财政承担其在校学习期间的学费、住宿费、教材费和军训服装费，专门培养乡村中小学、幼儿园、中等职业学校、特殊教育学校教师的定向培养管理方式（可以简称为"省级公费师范教育"）。

进一步说，全国各省公费师范教育的培养模式和公费师范生履约任教的学校类型不尽相同。从公费师范生的培养模式来看，主要包括"初中起点五年一贯制专科层次""初中起点六年制本科层次""高中起点四年制本科层次""本科（或同等学力）起点两（或三）年制全日制硕士研究生学历层次"等四种学制类型。从公费师范生履约任教的学校类型来看，情况更为复杂，既有面向乡村学校的中小学教师公费定向培养计划，又有面

---

[1] 广东省教育厅.广东省教育厅、中共广东省委机构编制委员会办公室、广东省财政厅、广东省人力资源和社会保障厅关于公费定向培养粤东粤西粤北地区中小学教师的实施办法[EB/OL].http://edu.gd.gov.cn/zwgk/gfxwj/content/post_2981169.html，2020-04-22.

向城镇学校的中小学教师公费定向培养计划，还有面向乡村教学点的中小学教师公费定向培养计划，甚至有面向中小学的男性教师公费定向培养计划。整体来看，公费师范生履约任教大致分为两大类（见表0-1）。第一类要求公费师范生毕业后回生源所在市县中小学和幼儿园任教，或者回签约县、户籍所在地、定向就业县（含县城）中小学任教，其中到农村义务教育学校任教服务至少1年。第二类要求公费师范生毕业后回签约县、户籍所在地、定向就业县的乡村学校任教（含村小、教学点和幼儿园），其中特殊教育教师、高中阶段教师回县域内相关学校任教。

表0-1 全国主要省份公费师范生履约任教的主要内容

省份	履约任教的主要内容
甘肃	公费师范生毕业后一般回生源所在市县中小学和幼儿园任教，并承诺从事中小学教育工作6年以上。到城镇学校工作的公费师范生，应到农村义务教育学校任教服务至少一年。鼓励公费师范生长期从教、终身从教
河北	毕业后通过省教育厅和省人社厅联合举办的招聘考试，在需求岗位范围内进行双向选择，或服从分配，到中小学任教。特殊情况下，生源所在地设区市可予以调剂。按照国家和省师范生公费教育的相关政策，履行义务，回签约县（区）以下（含县城）从事中小学教育工作6年以上
江西	公费师范生毕业履约任教期限为6年。到城镇学校工作的公费师范生，应结合校长教师交流轮岗工作需要，到农村义务教育学校任教服务至少1年。鼓励公费师范生长期从教、终身从教
广东	完成学业并顺利毕业后，按照规定通过面试或考察，到定向安排的学校（含村小、教学点）任教不少于6年。其中幼儿园教师、小学全科教师和紧缺学科教师面向乡镇（不含县城所在镇街）及乡镇以下农村公办学校（含村小、教学点和幼儿园）培养，特殊教育教师、高中阶段教师面向县域内相关学校培养
河南	公费师范生入学后与县级人民政府（报考的设岗县、市、区）和培养高校签订正式的定向培养就业协议，承诺毕业后到农村学校、乡村教学点、特殊教育学校从事教育教学工作时间不少于6年
山东	公费师范毕业生一般安排到学科教师紧缺的农村学校，从事教育教学工作不少于6年。公费师范生在协议规定服务期内，可在当地农村学校间流动或从事教育教学管理工作
四川	毕业后回生源地市（州）或报考服务地市（州）所属的实施范围县（市、区）内从事教育教学工作时间不低于6年。其中，在县（市、区）以下农村义务教育学校或农村幼儿园〔不含县（市、区）本级及城关镇〕工作时间不低于5年。鼓励公费师范生长期执教、终身从教

续表

省份	履约任教的主要内容
山西	公费师范生毕业后回户籍所在地公办中小学任教，并承诺从事中小学教育工作6年以上。到城镇学校工作的公费师范生，应到农村义务教育学校任教服务至少1年。鼓励公费师范生长期从教、终身从教
云南	公费师范生在取得毕业证、学位证和教师资格证后，由定向就业县级教育行政部门安排至当地乡村学校任教，任教时间不少于6年。公费师范生服务期满6年的，可按照事业单位人事管理的相关规定合理流动

在国家公费师范教育与省级公费师范教育并行存在的新时代，本书立足于省级公费师范教育的实施现况，主要关注的研究对象是毕业以后回签约县、户籍所在地、定向就业县乡村学校任教的公费师范生，即"乡村学校公费定向师范生"。

之所以这么做，一方面因为目前我国正在实施乡村振兴战略，乡村振兴的关键在于人才的引进和培养，人才培养离不开教育，因而乡村振兴首先需要乡村教育的复兴，乡村教育的发展成为乡村振兴战略的重要支点。进一步说，发展乡村教育，乡村教师又是关键。一支扎根乡村、热爱乡村和服务乡村的富有活力的乡村教师队伍，是振兴乡村教育、改善乡村文化和提升乡村文明的重要力量。没有乡村教师的付出和坚守，就不会有乡村教育的发展和提升；没有乡村教育的发展和提升，就会影响乡村振兴的实施进程。乡村教师队伍建设成为乡村振兴战略的重要因子和人才保障。而面向乡村学校的公费定向师范生教育政策，其初衷就是打造一支"下得去、留得住、教得好、有发展"的乡村教师队伍。在乡村振兴战略背景下，对培养未来乡村教师的公费定向师范生教育进行研究，成为不得不面对的重要问题。

之所以关注乡村学校公费定向师范生，另一方面是因为乡村教育现代化的内在要求。教育现代化是国家的一项重大战略部署，是推进科教兴国、人才强国的客观需要和必要路径。因为乡村教育面广量大，占据中国基础教育的大头，因而没有乡村教育现代化，就没有整个国家的教育现代化。在教育现代化进程中，如何促进乡村教育现代化的高质量发展，在一定程度上决定着国家教育现代化的成败。乡村教育现代化归根结底是乡村"人"的现代化，乡村教师是乡村"人"的主体。在乡村教育现代化发展趋势下，对培养未来乡村教师的公费定向师范生教育进行研究，颇具现实意义和理论价值。

2020年7月，教育部等六部门印发《关于加强新时代乡村教师队伍建设的意见》，其中明确指出"注重发挥乡村教师新乡贤示范引领作用，塑造新时代文明乡风，促进乡村文化振兴"[1]。乡村教师由此被赋予新的历史使命和社会责任。自古以来，乡村教师是乡村社会的知识分子，"以基层文化传播者的身份融身于基层社会之中"[2]，承担示范乡里、教化乡民、维持乡序、引领乡风的职责，坚守治教合一的人生追求，成为乡贤群体的重要人员。乡村教师不仅进行教育教学活动，具有"教育者"的专业身份，而且"参与乡村建设，改造乡村生活"[3]，是当之无愧的"乡村经济社会的建设者"[4]。近代以后，乡村教师"受制于现代社会乡村快速城镇化的发展进程，乡村教师变得极少参与乡村公共事务，普遍对乡村情感淡漠，

---

[1] 中华人民共和国教育部.教育部等六部门关于加强新时代乡村教师队伍建设的意见[EB/OL].http://www.gov.cn/zhengce/zhengceku/2020-09/04/content_5540386.htm，2020-09-04.

[2] 刘晓东.明代的塾师与基层社会[M].北京：商务印书馆，2010：225.

[3] 李长吉.农村教师：改造乡村生活的灵魂——兼论农村教师的知识分子身份[J].教师教育研究，2011（1）：29-32.

[4] 张儒辉.外在规约：乡村教师公共性旁落的根源[J].大学教育科学，2008（5）：64-66.

知识分子的身份日渐式微"[1]。结果造成"乡村教师的生活空间经历了从乡村嵌入到乡村脱嵌的历史过程"[2]，逐渐成为远离乡村社会和乡村生活的"他者"，乡贤精神逐渐走向衰落，直至今日"传统的乡贤形象不复存在"[3]。但新时代乡村教师能够以自觉、自愿走向新乡贤的方式提振自我的乡贤形象。[4] 因此，新时代乡村教师应当努力成为现代乡贤，成为引领乡村发展和乡村振兴的社会精英。在乡村振兴战略和教师队伍改革背景下，如何在公费定向师范生职前培养中增强乡土文化和乡土奉献的自觉意识与深厚情怀，涵育公费定向师范生的乡贤文化精神，使之将来更好地推动乡村教育发展与乡风文明振兴，成为公费定向师范生培养必须直面和迫切需要解决的现实课题。本书正是立基于此，探讨新时代乡贤文化视域下公费定向师范生教育问题。

二、本书概要

如前所述，中华人民共和国成立七十多年来的师范教育学费制度，大致经历了一个免费（1949—1997年）——收费（1998—2006年）——免费收费并存（2007年至今）的演变过程。现行"公费师范教育"分为"公费

---

[1] 沈晓燕.城镇化背景下乡村教师知识分子身份的式微与重构[J].教育发展研究，2018（20）：34-42.

[2] 车丽娜.空间嵌入视野下乡村教师社会生活的变迁[J].西北师大学报（社会科学版），2020（2）：78-84.

[3] 吉标，刘擎擎.民国时期乡村教师的乡贤精神探微[J].教师发展研究，2019（2）：108-113.

[4] 闫闯.走向"新乡贤"：乡村教师公共身份的困境突破与角色重塑[J].教育科学，2019（4）：77-83.

师范生"和"（乡村学校）公费定向师范生"两种类别，前者毕业后一般回生源所在地的中小学校任教，后者毕业后大都到户籍所在地的乡村学校任教。乡村学校公费定向师范生培养已经成为当前教育学界的一个研究热点，成果颇丰。从研究方法来看，这些成果可以分成实证研究和理论研究两大类别。在实证研究方面，主要对公费定向师范生培养的生源吸引力、课程体系、政策认知、顶岗实习、教师胜任力等方面实施了调查和分析。在理论研究方面，主要对公费定向师范生培养的风险防范、培养改革、教育协同、制度价值等方面进行了探索和论证。

在中国传统文化中，乡贤是对有作为或有崇高威望、为社会做出重大贡献的社会贤达的尊称，是中国传统优秀文化的代表人物。明朝给出了官方定义："生于其地，而有德业学行著于世者，谓之乡贤。"[①]民间学者释义则是："乡贤则须有三不朽之业。谓立德、立功、立言三者是也。"[②]改革开放以来，随着我国农村城镇化进程的加快、农村中小学的布局调整，广大乡村出现社会精英和文化主体流失、乡村社会内部治理失序、乡村文化建设陷入困顿等问题，在此背景下，乡村建设提出了对新时代乡贤、乡贤文化的现实需要。于是，从 2014 年开始，乡贤、新乡贤、乡贤文化成为学术界一个新的关注点，涌现了一系列研究成果。这些研究可以分为五类：第一类是根据农村经济社会建设的需要而发出的对新乡贤的呼唤；第二类是关于乡贤、新乡贤的内涵、特征、类型、定位的研究；第三类是关于乡贤特别是新乡贤在乡村治理中的功能研究；第四类是对乡贤文化价值、

---

① 〔明〕俞汝楫.礼部志稿（卷 85 下《严名宦乡贤祀》），景印文渊阁四库全书：第 598 册[M].台北：台湾商务印书馆，1986：535.

② 〔明〕何良俊.四友斋丛说[M].北京：中华书局，1959：142.

乡贤文化培育的研究；第五类是对乡村教师作为新乡贤的研究。特别是乡村教师新乡贤身份的研究，从现有成果来看，乡村教师已被纳入新乡贤的范畴。

从上述研究动态来看，有两个方面值得进一步深入研究：一是在"乡村教师发展成为新乡贤"的时代叩问下，如何在职前教育中把公费定向师范生培养成具有新时代乡贤精神的未来乡村教师；二是依据乡贤文化的精神和理念，需要剖析公费定向师范生培养的文化偏向、乡情缺失以及破解路径等问题。

综上所述，本书立足于新时代"注重发挥乡村教师新乡贤示范引领作用"的政策呼吁，采用"理论探讨"与"实证分析"相结合的研究方法，从乡贤文化视角探讨公费定向师范生的职前教育问题，在确证乡村教师何以成为时代乡贤的基础上，主要对公费定向师范生教育的政策目的、文化偏向、乡情不足、价值定位进行分析论证。本研究提出公费定向师范生教育应秉持新乡贤文化理念，探讨公费定向师范生乡贤精神教育的必要性和可行性，探索新时代公费定向师范生培养的方案设置、课程体系、教学实践，可以为丰富公费定向师范生教育的理论以及乡村教师职前发展的理论提供素材。同时，本研究能够揭示当前公费定向师范生教育的"城市中心取向"，公费定向师范生"乡土情怀不足"的问题及其原因，建构作为未来乡村教师的公费定向师范生乡贤形象的途径与策略，培养公费定向师范生"新乡贤"文化精神中的乡土责任感与奉献品格，对于促进公费定向师范生综合素质发展以及公费定向师范教育政策目的的达成，具有一定的实际意义。

本书分为五章，大致内容如下。第一章："培育乡村教师：公费定向师范生教育计划的目的"。本章主要解析乡村学校公费定向师范生教育计划的目的,即培育一批"下得去、留得住、教得好、有发展"的乡村教师,分别对"下得去""留得住""教得好""有发展"进行了分析和论证。第二章:"成为时代乡贤:乡村教师乡贤身份的角色重塑"。在确证培育乡村教师作为公费定向师范生教育计划目的的基础上,本章基于乡贤文化视角,进一步追问乡村教师的乡贤身份问题,主要讨论乡村教师乡贤身份的时代流变、衰落根源、重构价值以及时代意蕴。第三章:"城市中心导向:公费定向师范生教育的文化偏向"。既然公费定向师范生旨在培育乡村教师,而乡村教师又面临着重构乡贤身份的时代要求,那么公费定向师范生培养是否回应了乡贤身份建构的价值诉求呢?因此,本章提出了公费定向师范生教育的"城市化"现象,分析了"城市化"公费定向师范生教育在培养目标和课程体系上的具体表现,探讨了公费定向师范生教育的"城市化"后果。第四章:"乡土情怀不足:公费定向师范生教育的内在隐忧"。从培养院校来看,公费定向师范生教育呈现出城市中心导向,但公费定向师范生教育还要关注和了解受教育者群体。对此,本章运用实证研究方法分析了公费定向师范生的入学动机和学业成就,推演出公费定向师范生乡土情怀不足是存在于公费定向师范生教育中的一个内在隐忧。第五章:"乡贤文化自觉:公费定向师范生教育的价值定向"。乡村学校公费定向师范生教育计划旨在培育乡村教师,成为时代乡贤又是乡村教师乡贤身份的角色重塑,但城市中心导向与乡土情怀不足的公费定向师范生教育实践表明:培养活动具有"离农""离乡""离土"的发展倾向,同时缺失"乡村属性",导致公费定向师范生与乡村教育、乡村学校、乡村社会逐渐产生隔阂和疏远,进而背离了乡村学校公费定向师范生教育计划的宗旨。因此,为了回归培育乡村教师的政策初衷，本章提出以"乡贤文化自觉"作为公费定向师范生教育的价值定向，重点论述公费定向师范生教育的乡贤文化自觉、乡贤文化实践以及乡贤文化愿景三个问题。

第一章 培育乡村教师：
公费定向师范生教育计划的目的

长期以来，受制于城乡二元结构的影响，城乡教育之间发展不均衡，差距显著，乡村教育发展相对落后。其中，乡村学校优质师资力量缺乏是制约乡村教育发展的关键因素，乡村师资力量薄弱成为乡村教育发展的一大短板。作为主导乡村教育的主力军，乡村教师队伍更是存在着"年龄老化、结构失衡、素质不高、流失严重"等问题，促使乡村教育发展进入了一个恶性循环。在新时代，加强乡村教师师德建设，优化乡村教师队伍结构，提升乡村教师专业素养，努力造就一支热爱乡村、数量充足、素质优良、充满活力的乡村教师队伍，成为推进乡村振兴、缩小城乡差距、加速乡村教育现代化的客观要求和重要途径。在此背景下，全国各省相继实施乡村学校公费定向师范生教育计划，加强乡村教师队伍建设。比如《四川省教育厅等四部门关于开展师范生公费定向培养工作的实施意见》，明确提出师范生公费定向培养的"工作目标"在于："选拔乐教适教的优秀学生公

第一章 培育乡村教师：公费定向师范生教育计划的目的

费攻读师范类专业，为我省农村公办义务教育阶段学校、幼儿园（不含城区和城关镇所在地学校）和特殊教育学校定向培养师德高尚、专业水平较高、下得去、留得住、干得好的教师，着力解决农村学校师资紧缺矛盾，改善师资结构，提升教育教学水平，促进基础教育均衡发展"。[①] 不难发现，省级层面的乡村学校公费定向师范生教育计划，旨在培育一批"下得去、留得住、教得好、有发展"的乡村教师，进而为乡村学校精准补充乡村教师，促进乡村教育又好又快发展。

第一节　培育"下得去"的乡村教师

"下得去"是指公费定向师范生毕业以后能够下到乡村学校从事教育教学工作。乡村学校优质师资力量相对缺乏。如何促进大中专学生毕业以后下去乡村学校从事教师职业，培育真正"下得去"的乡村教师队伍，是强化乡村学校优质师资、补齐乡村教育发展短板的首要措施。推拉理论认为，人口流动的动力是由推力（排斥力）与拉力（吸引力）共同构成。推力是消极因素，促使个体趋向离开某地；拉力是积极因素，吸引个体趋向前往某地。因为人口流动的主要目的在于个体追求美好生活，所以流入地那些有利于提升个体美好生活的因素就成为吸引性拉力，流出地那些不利于提升个体美好生活的因素就成为排斥性推力，两股力量前拉后推造就了人口流动。基于推拉理论发现，乡村学校生活条件艰苦、教学设施落后、

[①] 四川省教育厅. 四川省教育厅等四部门关于开展师范生公费定向培养工作的实施意见 [EB/OL]. http://edu.sc.gov.cn/scedu/c100540/2018/6/4/2bf42506028b4b27a12b0dee0aa88955.shtml, 2018-06-04.

收入水平偏低、发展机会较少等因素，成为大中专毕业生"下不去"乡村学校从事教师职业的排斥性推力；城市学校生活条件较好、教学设施先进、收入水平偏高、发展机会较多等因素，成为毕业生"下得去"城市从事教师职业的吸引性拉力。在此前提下，乡村学校公费定向师范生教育计划目标之一在于破解大中专毕业生"下不去"乡村学校从事教师职业的现实难题，借由定向培养、契约约束、两免一补、乡土情感等方式推拉学生报考公费定向师范专业，成为真正"下得去"乡村学校的人民教师。

一、定向培养，破解"下不去"

城乡二元结构严重影响了乡村社会，导致经济发展缓慢、教育发展落后。从推拉理论来看，乡村学校的吸引性拉力不足，排斥性推力巨大，乡村教师成为一个不受欢迎且缺乏吸引力的职业，大中专毕业生流入乡村学校"可遇不可求"。也就是说，在乡村教师市场化资源配置中，市场机制产生了失灵现象，即乡村教师补充的市场失灵，大中专毕业生"下不去"乡村学校从事教师职业成为竞争市场分配教师资源的客观结果。

为了保证大中专学生毕业以后能够下去乡村学校从事教师职业，构建扭转乡村教师补充失灵的市场机制，重新优化乡村教师资源的合理配置，乡村学校公费定向师范生教育计划实行"定向招生、定向培养、定向就业"的教育模式，即在招生通知中明确表示，公费定向师范生毕业后依据招生计划所规定的服务地域和服务学校类型任教服务。因此，"定向招生、定向培养、定向就业"的教育模式把招生来源地区和毕业生就业地区适当结合起来，坚持"订单培养，协议服务"的基本方式，本着"从哪里来回哪里去"的基本原则，从根本上破解大中专毕业生"下不去"乡村学校从事

第一章 培育乡村教师：公费定向师范生教育计划的目的

教师职业的现实难题。2020年5月，湖南省教育厅发布的《关于做好2020年初中起点乡村教师公费定向培养计划招生工作的通知》，其中明确指出了"定向到乡镇任教招生计划""定向到民族乡招生计划""定向到小学教学点招生计划"的就业方向。定向到乡镇任教招生计划按照"从县市区招生、回乡镇就业"的原则设置，定向到民族乡招生计划按照"从乡招生、回乡就业"的原则设置，定向到小学教学点招生计划按照"从乡镇招生、回乡镇小学教学点就业"的原则设置。①

乡村学校公费定向师范生教育计划的定向培养，建立了U-S-G"三位一体"协同定向机制。"U-S-G"是university（大学）、student（学生）、government（政府）三个英文单词开头字母的缩写，旨在将大学、学生、政府联动起来进行乡村教师定向培养。比如：广东、湖南、山东、宁夏、四川等省份，全部按照U-S-G三方协同的定向模式，全力培养面向乡村学校的公费定向师范生（见表1-1）。在乡村教师定向培养关系主体中，U-S-G三方形成了一个合作共同体。破解大中专毕业生"下不去"乡村学校从事教师职业的现实难题，U-S-G三方各司其职，缺一不可。大学承担公费定向师范生的招生录取、职前教育等任务；政府负责公费定向师范生的就业安排、职后管理等工作；学生则是定向培养的对象，自我严格按照定向培养要求享受权利、履约到岗，以便毕业以后前往乡村学校任教服务。

从现实情况来看，以U-S-G三方协同定向培养方式破解"下不去"难题，乡村学校公费定向师范生教育计划是非常成功的。U-S-G三方通过协调合作，打破了原有封闭的教育体系，实现了共同发展，尤其是解决了乡村学

---

① 湖南省教育厅.关于做好2020年初中起点乡村教师公费定向培养计划招生工作的通知［EB/OL］.http：//jyt.hunan.gov.cn/jyt/sjyt/xxgk/tzgg/202005/t20200529_1011686.html，2020-05-29.

校师资匮乏问题。调查数据显示："定向师范生基本都能够履约到岗，个别年份有两三个学生违约，如 A 县 2012 年至 2016 年共有农村小学定向师范毕业生 219 名，其中 213 名毕业时履约到岗，到岗率为 97.26%。总体来说，定向培养政策在解决师范生到农村学校任教方面成效比较显著。"[1]

表 1-1　主要省份公费定向师范生定向培养基本情况

省份	定向模式	定向培养关系主体
广东	U-S-G 三方协同	甲方：培养院校 乙方：就读学生 丙方：县级政府
湖南	U-S-G 三方协同	甲方：招生学校 乙方：就读学生 丙方：生源所在地市州教育局
山东	U-S-G 三方协同	甲方：招生学校 乙方：就读学生 丙方：定向就业设区市教育行政部门
宁夏	U-S-G 三方协同	甲方：招生学校 乙方：就读学生 丙方：宁夏回族自治区教育厅
四川	U-S-G 三方协同	甲方：招生学校 乙方：就读学生 丙方：服务地市（州）教育行政部门

二、契约约束，倒逼"下得去"

乡村学校公费定向师范生教育计划目标之一是培养公费师范生毕业以后到乡村学校任教，虽然从政策理论上破解了大中专毕业生"下不去"乡村学校从事教师职业的现实难题，但若想在实然层面真正意义上达成"下得去"，仍然需要采用强制性手段加以调控和引导。职是之故，乡村学校公费定向师范生教育计划引入"契约机制"，利用契约制度的强制性倒逼

---

[1] 李静美.农村公费定向师范生"下得去、留得住"的内在逻辑［J］.中国教育学刊，2020（12）：70-75.

第一章 培育乡村教师：公费定向师范生教育计划的目的

公费师范生毕业以后"下得去"。

在中国，"契约"意为"合意或同意之规约"，《现代汉语词典》定义为"依照法律订立的正式的证明、出卖、抵押、租赁等关系的文书"；在西方，"契约"一词源于拉丁文，意为"共同的、同意的交易"。[①] 契约精神作为现代文明社会的主流精神，契约行为是各方在自由平等基础上基于利益交换达成的同意与守信，具有强制性的约束特征。契约明确了各方可以享受的权利和应该履行的义务，任何一方违反契约规定需要承担相应后果。U-S-G三方协同定向模式是契约机制下的产物，地方政府、培养学校和就读学生在招生录取时签订"师范生公费教育协议书"。"师范生公费教育协议书"一般明确了协议签订的前提、三方的权利和义务、协议中止、协议终止、协议解除及处理、违约情形及处理等具体内容，保证了公费定向师范生毕业以后前往乡村学校到岗留任。"师范生公费教育协议书"具有法律效益，U-S-G三方签订"师范生公费教育协议书"是一种契约行为。在"师范生公费教育协议书"中，关于公费定向师范生毕业以后的任教服务学校类型，各个省份有着明确的规定（见表1-2），而且如果未按协议规定到乡村中小学校从事教育教学工作，各个省份亦有明确规定的违约处理措施（见表1-3）。

比如，广东省教育厅等部门发布的《关于公费定向培养粤东粤西粤北地区中小学教师的实施办法》明确提出，面向幼儿园、小学全科和紧缺学科定向培养的师范生要到乡镇（不含县城所在镇街）及乡镇以下农村公办学校（含村小、教学点和幼儿园）；如果公费定向师范生毕业以后未能按

---

① 王海明.契约概念辨难[J].华侨大学学报（哲学社会科学版），2010（1）：1-6.

协议约定到指定地区的学校从事教育工作，其"应在违约处理决定公布后的1个月内，一次性向丙方（县级政府）退还所享受的教育培养经费，并缴纳该费用50%的违约金；超过1个月期限，乙方（公费定向师范生）仍未付清教育培养经费和违约金的，则每逾期一天，应按照教育培养经费1‰，向丙方（县级政府）加付逾期付款违约金"。[①]

在乡村教师资源配置的运行过程中，契约机制起着重要的杠杆作用。从契约制度来看，乡村学校公费定向师范生教育计划是以"师范生公费教育协议书"为基本的运行机制，它促使U-S-G三方签订协议，公正透明地实施宏观干预、规范个人选择，试图达到对乡村教师的预定和保有，倒逼公费定向师范生"下得去"乡村中小学校从事教育教学工作，进而实现培育乡村教师的政策目标。

表1-2 主要省份公费定向师范生协议书中的任教学校规定

省份	是否签订三方协议	协议规定任教学校
广东	是	乡镇（不含县城所在镇街）及乡镇以下农村公办学校（含村小、教学点和幼儿园）
湖南	是	统筹安排到辖区内县城或农村乡镇小学任教
山东	是	服从安排在农村学校从事教育教学工作
宁夏	是	回生源所在地乡村学校
四川	是	回生源地市（州）或报考服务地市（州）所属的实施范围县（市、区）内从事教育教学工作。其中，在县（市、区）以下农村义务教育学校或农村幼儿园〔不含县（市、区）本级及城关镇〕工作时间不低于5年

---

① 广东省教育厅.广东省教育厅、中共广东省委机构编制委员会办公室、广东省财政厅、广东省人力资源和社会保障厅关于公费定向培养粤东粤西粤北地区中小学教师的实施办法［EB/OL］.http: //edu.gd.gov.cn/zwgk/gfxwj/content/post_2981169.html，2020-04-22.

第一章 培育乡村教师：公费定向师范生教育计划的目的

表1-3 主要省份公费定向师范生协议书中的违约任教规定

省份	协议规定的违约处理措施
广东	乙方毕业后未能按本协议约定，到丙方指定地区的学校从事教育工作的，乙方应在违约处理决定公布后的1个月内，一次性向丙方退还所享受的教育培养经费，并缴纳该费用50%的违约金；超过1个月期限，乙方仍未付清教育培养经费和违约金的，则每逾期一天，应按照教育培养经费1‰，向丙方加付逾期付款违约金
湖南	毕业后未按本协议从事小学教育工作的，应在违约处理决定公布后1个月内，一次性向丙方退还所享受的免费教育费用，并缴纳该费用50%的违约金；超过时限须按每天1‰的比例支付滞纳金
山东	乙方毕业后未按本协议到农村中小学校从事教育教学工作的，乙方应在违约处理决定公布后1个月内，一次性向丙方退还所享受的公费教育费用，并缴纳该费用50%的违约金；超过时限须按每天1‰的比例支付滞纳金
宁夏	毕业后未按本协议在乡村中小学从事教育工作的，应在违约处理决定公布后1个月内，一次性向丙方退还所享受的公费教育费用并缴纳该费用50%的违约金；超过时限须按每天1‰的比例支付滞纳金
四川	公费师范生在校期间不得违约，未按培养协议规定履约从教的公费师范毕业生，承担相应违约责任，不再享受公费师范生的相关政策，并须在违约处理决定公布之日起30日内一次性退还免缴的学费、住宿费和生活补助费（从违约或离岗当年起，按不足服务年限每年16.7%的比例计算），并缴纳违约金（按已享受免补费用总额的50%计算），超过时限须按每天1‰的比例缴纳滞纳金

三、就业保证，吸引"下得去"

乡村学校公费定向师范生教育计划既然以契约的形式来表现，在一定意义上培育乡村教师则变为一种契约信息服务过程。"所谓契约，不过是有关规划将来交换过程的当事人之间的各种关系。"[①]在契约信息服务过程中，U-S-G三方保持着权利要求与应尽义务之间的基本平衡，表达着各方的目标，公费定向师范生履行"服务"的承诺，培养院校和地方政府兑现"报酬"的承诺，进而保障信息服务交往关系的平等与和谐。如果说公费定向师范生毕业以后前往乡村学校任教算是一种义务的履行，表达培养

---

① ［美］麦克尼尔.新社会契约论［M］.雷喜宁，译.北京：中国政法大学出版社，1994：4.

院校和地方政府的目标，那么势必存有契约信息服务过程中权利的享有，表达公费定向师范生的目标。基于契约机制带来各方权利与义务的平衡发现，乡村学校公费定向师范生教育计划以"保证就业"为利益交换，保障公费定向师范生的权利要求，在大学生"就业难"的现实背景下，就业保障反过来又吸引公费定向师范生"下得去"乡村中小学校从事教育教学工作。

在教师招聘市场中，普遍存在"就业难"与"人才荒"的结构性困局，城市学校、发达地区"就业难"和乡村学校、落后地区"人才荒"并存。从推拉理论来看，城市学校、发达地区教师岗位"就业难"是受人才流动的吸引性拉力冲击所导致的，诸如深圳新招中小学老师多为"清北学霸"、武汉高中教师招聘拟录人员一大半来自清华北大的新闻屡见不鲜。乡村学校、落后地区教师岗位"人才荒"是受人才流动的排斥性推力而凸显出来冲击，诸如农村义务教育阶段学校教师特设岗位空缺岗位招聘公告时有发生。[①] 乡村学校公费定向师范生教育计划以培育乡村教师为目标，采用契约机制倒逼公费定向师范生"下得去"乡村学校任教，正好有利于解决教师招聘市场"就业难"与"人才荒"的问题。尽管乡村学校不是理想的就业选择，但保证公费定向师范生就业的同时，大多数省份的乡村学校公费定向师范生教育计划在三方协议中明文规定"有编有岗"。比如，广东、湖南、山东等省份明确规定符合就业条件的公费定向师范生"有编有岗"，严禁"有编不补"，全部落实任教学校（见表1-4）。对于公费定向师范

---

① 农村义务教育阶段学校教师特设岗位计划是由中央财政设立专项资金，用于特设岗位教师的工资性支出，通过公开招募高校毕业生到西部"两基"攻坚县县以下农村义务教育阶段学校任教，引导和鼓励高校毕业生从事农村教育工作，创新农村学校教师补充机制，逐步解决农村师资总量不足和结构不合理等问题，提高农村教师队伍的整体素质。

生而言，"有编制"一方面避免了个体经受"考编"的巨大压力，另一方面意味着有了"铁饭碗"，能够全面享受政府给予教师队伍的各项福利和待遇，同时增强师范生就读公费定向专业、毕业后任教乡村学校的自豪感和成就感。在此条件下，乡村学校本身散发的排斥性推力转化为吸引性拉力，公费定向师范生更加愿意"下得去"乡村中小学校从事教育教学工作。

表1-4 主要省份公费定向师范生协议书中的保证就业内容

省份	是否承诺解决编制	协议规定就业内容
广东	是	有编有岗，提供必要的工作生活条件
湖南	是	有编有岗，提供办公场所、周转宿舍等必要的工作生活条件
山东	是	有编有岗，提供必要的工作生活条件
宁夏	是	有编有岗，提供必要的工作生活条件
四川	是	有编有岗

四、两免一补，强化"下得去"

从契约分类来看，U-S-G三方签订乡村学校公费定向师范生教育协议，可谓一种激励契约，即地方政府和培养院校采用激励机制以促使公费定向师范生按照其意愿行事的契约条款。激励契约中的激励机制，一般把物质利益给予具有付出成本较多的人，借以实现双方的共赢。在契约信息服务过程中，乡村学校公费定向师范生教育计划的激励措施，不仅以"就业保证"吸引公费定向师范生"下得去"乡村学校，而且以"两免一补"强化公费定向师范生"下得去"乡村学校。

所谓"两免一补"，主要是指免缴学费、免缴杂费（含住宿费、军训服装费、教材资料费、实习实训费、体检复查费等）、发放生活费补助的特殊优惠政策。比如，广东省在U-S-G三方协议或公费师范生定向培养文件中明文规定，"在基本修业年限内，乙方免缴甲方学费、住宿费、军训服装费、教材资料费、实习实践费和体检复查费，并领取生活费补助（按每月 800 元的标准给予生活费补助，每学年按 10 个月发放），同时在国家和省有关奖助学金政策规定范围内，除不重复享受减免学费和生活补助外，享受与其他在校生同等待遇"（见表 1-5）。"两免一补"是乡村学校公费定向师范生教育计划之"公费"体现，背后表征的是教育成本和教育投入。高等教育是一种"准公共产品"，具有一定程度的消费竞争性，"两免一补"等同于学生免费接受高等教育，几乎零成本、零投入享用"准公共产品"带来的教育效益。它不但能支撑学生顺利完成学业，而且有助于减轻学生家庭的经济负担。"世界各国学生学费水平整体呈上升趋势，中国也不例外。大学收费加重了学生和家庭的生活负担，有可能使部分家境贫寒的学生入不了学。"[①] 因此，"两免一补"能够引起许多有志于教育事业的优秀高考学子的特殊青睐，尤其是对于来自经济条件欠佳的普通家庭孩子，选择公费定向师范生是一件"天值地值之事"。

在高等教育成本不断高涨的现代社会，乡村学校公费定向师范生教育"两免一补"优惠政策作为一种接近零成本、高收益的激励措施，能够进一步吸引公费定向师范生签订"师范生公费教育协议书"，强化"下得去"乡村学校任教服务的契约机制。

---

① 晏成步. 大学学费制度：国际经验与中国选择［J］. 教育与经济，2017（2）：84-90.

表 1-5 主要省份公费定向师范生两免一补情况

省份	公费定向师范生两免一补情况
广东	免除学费，免收住宿费、军训服装费、教材资料费和实习实训费、体检复查费，并按每月 800 元的标准给予生活费补助，每学年按 10 个月发放。同时在国家和省有关奖助学金政策规定范围内，除不重复享受减免学费和生活补助外，享受与其他在校生同等待遇
湖南	免缴学费、住宿费、教材费和军训服装费，其所需费用由财政公费承担；按国家和省有关规定享受奖助学金等资助政策，在资助政策规定范围内与其他在校生享受同等待遇
山东	免缴学费、住宿费，并领取生活补助。其中生活补助经费标准为每生每年 4000 元，学校按每人每月（共 10 个月，寒暑假除外）400 元标准足额发放给公费师范生
宁夏	免除学费，免收教材费、住宿费。同时，自治区财政为每位公费师范生在校期间提供生活补助
四川	免缴学费、住宿费，并享受在校期间每学年十个月生活补助（600 元/月。）

第二节 培育"留得住"的乡村教师

"留得住"是指公费定向师范生"下得去"后能够严格按照协议要求任教乡村学校，强调服务期内的稳定性，同时"留得住"表达了对公费定向师范生长期服务乡村教育的渴望和期盼。当前乡村教师流失现象严重，呈现逐渐上升趋势。乡村教师流失已经成为乡村教育之痛。如何促进公费定向师范生毕业以后扎根乡土，长期任教于乡村学校，培育真正"留得住"的乡村教师队伍，成为促进乡村教育稳定发展和长远发展的强心剂。从公平理论看，乡村教师是乡村社会中独立自由的知识分子群体，势必正视乡村教师流失的合理性和正当性，不能完全陷入"留住乡村教师"的泥沼里，乡村教师流失不是"洪水猛兽"，要"变流失为合理性流动，吸引更多的人才到乡村任教"[①]。但是，公费定向师范生毕业以后任教乡村学校，如

---

① 席梅红.论乡村教师流失的合理性——基于公平的理论视角[J].上海教育科研，2016（2）：10-13.

若耕耘一两载又纷纷"逃离"乡村学校，乡村教育将会遭遇发展危机，甚至出现无师可教的状况。乡村学校公费定向师范生教育计划不仅培育的是"下得去"的乡村教师，而且培育的是"留得住"的乡村教师。公费定向师范生"下得去"而"留不住"，"下得去"就没有实际意义；"下得去"且"留得住"，乡村教育才有迎来发展的可能。职是之故，乡村学校公费定向师范生教育计划采用"契约机制"和"地缘机制"，确保、迫使、内化"留得住"，进而规约和引导公费定向师范生毕业以后扎根乡土、长期任教、终身从教。

一、限期服务，确保"留得住"

契约具有自由性原则和互利性原则。自由体现了人的行为选择的自由意志，契约是"同意"而非"法定"。互利表达了人们之间平等协商的利益交换，契约是"共赢"而非"独赢"。互利性原则是各方权利与义务关系的对应与融合，一言以蔽之，"我的义务保障的是你的利益，而你的义务保障的是我的利益"。在契约机制中，乡村学校公费定向师范生教育计划要求U-S-G三方行为主体必须把追求自身利益与他方的利益结合起来。公费定向师范生不但要关心自己的付出所应得到的利益，还应该使培养院校和地方政府的支出也得到相应的回报，否则自身的意愿和利益将难以实现。不难发现，就业保证、有编有岗、两免一补等之于公费定向师范生，是权利、是利益、是回报，但基于利益交换的互利原则，公费定向师范生也要付出、要承担、要回报，满足培养院校和地方政府的利益需要。其中，限期服务乡村中小学，是乡村学校公费定向师范生教育计划中培养院校和地方政府的利益诉求，并且成为确保公费定向师范生留任乡村的内在目的。

第一章 培育乡村教师：公费定向师范生教育计划的目的

限期服务是指公费定向师范生毕业以后到岗留任乡村学校的年限要求，即在 U-S-G 三方协议中，提出公费定向师范生在乡村学校服务的具体年限，目前一般本科层次毕业生服务时间不少于 6 年。比如，山东省公费定向师范生教育政策规定"服从丙方（地方政府）安排在农村学校从事教育教学工作不少于 6 年"；又如，湖南省乡村教师公费定向培养计划规定"本科毕业生服务时间不少于 6 年，专科毕业生服务时间不少于 5 年"（见表 1-6）。限期服务从法律意义上限定了公费定向师范生毕业以后任教乡村学校的具体时长，在应然状态或理想状态下，这种限定能够确保其留在乡村学校从事教育教学工作。调查显示："213 名定向教师样本中，33 名教师全部按照协议，在教育局分配的学校服务到期满。仍在服务期内的 180 名定向教师中，仅有 2 名教师表示不能服务到期满，三分之二的教师表示会按照协议服务到期满，还有近三分之一持不确定态度。"[①] 以限期服务的方式，确保公费师范生毕业后长时间留在乡村学校，其成效十分显著。

同时应当看到，从限期服务的时长来看，"留得住"越来越人性化。2007 年《教育部直属师范大学师范生免费教育实施办法（试行）》明确规定"免费师范生在毕业后从事中小学教育 10 年以上"。2018 年《教育部直属师范大学师范生公费教育实施办法》将公费师范生履约任教服务年限调整为 6 年以上。从此以后，全国大多省份乡村学校公费定向师范生教育计划逐渐把公费定向师范生服务年限设定为"不少于 6 年"。公费定向师范生服务年限由长变短，在一定程度上更能吸引优秀学子报考公费定向师

---

① 李静美. 农村公费定向师范生"下得去、留得住"的内在逻辑 [J]. 中国教育学刊，2020（12）：70-75.

范专业，强化服务期内的稳定性，最终间接达成"留得住"。

表1-6 主要省份公费定向师范生的服务年限

省份	服务年限
广东	定向学校任教不少于6年
湖南	本科毕业生服务时间不少于6年，专科毕业生服务时间不少于5年
山东	服从丙方安排在农村学校从事教育教学工作不少于6年
宁夏	乡村学校工作不少于6年
四川	毕业后回生源地市（州）或报考服务地市（州）所属的实施范围县（市、区）内从事教育教学工作时间不低于6年。其中，在县（市、区）以下农村义务教育学校或农村幼儿园〔不含县（市、区）本级及城关镇〕工作时间不低于5年

二、违约惩罚，迫使"留得住"

契约社会理论认为，契约是人与人之间和谐有序、追求美好生活的重要柱础，因而"人在很大程度上是一种遵守规则的动物，是追求目的的契约人"[①]。作为契约人，个体在有界理性的前提下，为减小机会主义风险，保障与实施契约的执行，往往倾向成为最小化交易成本的行为人。当终止契约时，如果违约人的损失大于收益时，倾向于履行契约；而当收益大于损失时，则倾向于不履行契约，因此，契约通常存在着太多的"不确定性"[②]。为了保证契约机制的有序运转，契约一般含有违约惩罚内容，以确保各方顺利履行契约。以此来看，在U-S-G三方签订"师范生公费教育协议书"时，违约惩罚内容便自然地产生了。乡村学校公费定向师范生教育计划以正当合理的违约惩罚机制，迫使公费定向师范生毕业以后长留乡村学校任教。

---

① Hayek FA. Studies in Philosophy, Politics and Economics [M]. New York: Routledge, Kegan Paul Ltd, 1967: 56.

② [美]道格拉斯·C.诺思. 制度、制度变迁与经济绩效 [M]. 杭行, 译. 上海: 格致出版社, 2008: 63.

第一章 培育乡村教师：公费定向师范生教育计划的目的

在师范生公费教育协议书中，违约惩罚不仅针对公费定向师范生"下得去"而设计，而且面向公费定向师范生"留得住"而设计。对于后者，违约惩罚主要是对公费定向师范生毕业后到定向计划来源地的学校从事教育工作未满6年而离开任教岗位所做出的处理。违约惩罚方式一般分为三个方面：一是公费定向师范生退还所享受的公费培养费用；二是公费定向师范生限时缴纳违约金，逾期加付逾期付款违约金；三是地方政府建立诚信档案，公布公费定向师范生违约记录，违约情况记入人事档案，甚至事业单位不得予以录（聘）用具有违约行为的公费定向师范生。比如，广东省2019年师范生公费教育协议书第二十三条（二）显示：毕业后到定向计划来源地的学校从事教育工作未满六年的，自离开定向范围的教育岗位之日起，在1个月内按不足服务年限（包括离开当年）每年25%的比例一次性向丙方（地方政府）退还所享受的教育培养经费（应退还费用＝不足服务年限×25%×教育培养经费）；超过1个月期限，乙方（公费定向师范生）仍未付清教育培养经费的，则每逾期一天，应按照教育培养经费1‰，向丙方加付逾期付款违约金（见表1-7）。

不难看到，公费定向师范生毕业后一旦从事乡村学校教育教学工作未满6年，从其离开任教岗位之日，便会受到物质惩罚和精神惩罚的双重挤压。对于个体而言，物质惩罚尚可理解，但精神惩罚难以接受。之所以这么说，是因为中国优秀传统文化素来讲求"信"与"礼"，传承一诺千金、契约信守的德性精神，而公布违约记录、记入人事档案、纳入个人诚信，等同于出现了"人格问题"，把自己的违约行为永远钉在了人生履历上，将对个体未来的生活和工作造成极其恶劣的影响。所以，在"诚信"作为社会主义核心价值观的中国社会，受制于违约惩罚的危害后果，公费定向师范生不得不被动地遵守契约机制，逐渐养成履约的责任意识、信守签约的承诺观念，最终留在乡村学校完成服务年限。

表1-7 主要省份公费定向师范生的违约情形处理

省份	协议规定违约情形处理
广东	县级政府负责公费定向培养对象的履约管理，建立诚信档案，公布违约记录，并记入人事档案，负责追缴和管理违约退还的费用。毕业后到定向计划来源地的学校从事教育工作未满六年的，自离开定向范围的教育岗位之日起，在1个月内按不足服务年限（包括离开当年）每年25%的比例一次性向丙方退还所享受的教育培养经费（应退还费用＝不足服务年限×25%×教育培养经费）；超过1个月期限，乙方仍未付清教育培养经费的，则每逾期一天，应按照教育培养经费1‰，向丙方加付逾期付款违约金
湖南	未能履行协议的公费定向师范生，按规定退还所受的公费培养费用并缴纳违约金。市（州）、县（市、区）教育行政部门负责本行政区域内公费定向师范生的履约管理，建立诚信档案，公布公费定向师范生的违约记录，并将违约情况记入人事档案，负责管理退还的公费培养费用和违约金
山东	毕业后在农村中小学校、幼儿园和特教学校从事教育教学工作未满6年且未经丙方同意的，从乙方离开任教岗位之日计算，按不足服务年限（包括离开当年）每年16.6%的比例一次性向丙方退还所享受的公费教育费用，并缴纳该费用50%的违约金；超过时限须按每天1‰的比例支付滞纳金。市教育行政部门负责本行政区域内公费师范毕业生的履约管理，建立诚信档案，公布违约记录，并记入人事档案，负责收缴、管理、使用违约退缴资金
宁夏	毕业后从事乡村中小学教育工作未满6年且未经丙方同意的，从离开教育岗位之日起，按不足服务年限（包括离开当年）乘以六分之一作为退费比例计算，一次性向丙方退还相应比例的公费教育费用，并缴纳该费用50%的违约金；超过时限须按每天1‰的比例支付滞纳金。自治区教育行政部门负责公费师范毕业生的履约管理，建立诚信档案。对于违约者，要求其退还已享受的公费教育费用并缴纳违约金，同时公布其不诚信记录
四川	公费师范生违约行为纳入个人诚信记录，装入个人档案。公费师范生违约时，管理档案的市（州）或县（市、区）教育行政部门负责建立公费师范生诚信档案，并将公费师范生违约记录记入个人人事档案，5年内参加省内机关、企事业单位各种公开招录（聘）的，考核视为不合格，单位不得予以录（聘）用。教育厅将对各地公费师范生违约办理情况进行督查 公费师范生在校期间不得违约，未按培养协议规定履约从教的公费师范毕业生，承担相应违约责任，不再享受公费师范生的相关政策，并须在违约处理决定公布之日起30日内一次性退还免缴的学费、住宿费和生活补助费（从违约或离岗当年起，按不足服务年限每年16.7%的比例计算），并缴纳违约金（按已享受免补费用总额的50%计算），超过时限须按每天1‰的比例缴纳滞纳金

第一章　培育乡村教师：公费定向师范生教育计划的目的

三、地缘关系，增强"留得住"

从空间地理学角度来看，在教师劳动力市场中就业地域与家乡位置之间的距离具有一定的关系，距离家乡越近的教学岗位，个体越倾向于选择，换句话说，教师倾向于在他们成长的地方附近区域授课，并且为了控制距离，他们更喜欢与家乡特征相似的地区。[①]地缘关系遂成为影响教师去留任教学校的重要因素。在如何"留得住"的关键问题上，乡村学校公费定向师范生教育计划不仅采用"契约机制"加以规约，而且通过"地缘机制"加以引导，利用公费定向师范生的地缘关系，提升其任教乡村的适应性，激发其乡村教育情怀，积极影响履约意愿，最终增强"留得住"。

"地缘机制"是指强调培养对象、培养院校、任教学校三者之间的地缘关系。乡村学校公费定向师范生教育计划一般招收招生来源计划的户籍的学生，甚至是招收来源计划所确定的乡镇户籍的学生，基本形成一种"县来县回""乡来乡回"的培养种类；同时，乡村学校公费定向师范生教育计划培养院校为省属或市属院校，多数位于地级城市及以下城市，培养对象和培养院校整体呈现出本土化特征。比如，湖南省2020年初中起点乡村教师公费定向培养计划招生工作的通知中，明文提出报名对象的基本条件之一为"具备招生来源计划所确定的户籍条件"，其中"报考普通计划和乡镇计划的报名对象应具有招生来源计划所确定的县（市、区）户籍"，"报考民族乡计划的报名对象应具有招生来源计划所确定的民族乡户籍，民族成分为少数民族"，"报考教学点计划的报名对象应具有招生来源计

---

① Boyd D, Lankford H, Wyckoff L J. The Draw of Home: How Teachers' Preferences for Proximity Disadvantage Urban Schools[J]. Journal of Policy Analysis & Management, 2003, 24(1): 113-132.

划所确定的乡镇户籍"。在培养学校上，大多数学校是湖南省市属学校或地级城市学校（见表1-8）。

表1-8　2020年湖南省初中起点乡村教师公费定向培养类型与培养学校一览表

序号	项目计划来源	培养类型	学制	培养学校	备注
1	省级计划	初中教师	初中起点六年制本科	湖南文理学院、怀化学院	
2		小学教师	初中起点六年制本科	湖南第一师范学院、长沙师范学院、湖南文理学院	
3			初中起点五年制专科	湘南幼儿师范高等专科学校	
4		小学教师（扶贫）	初中起点六年制本科	湖南城市学院	
5			初中起点五年制专科	长沙师范学院、湘中幼儿师范高等专科学校	
6		小学男教师	初中起点六年制本科	湖南第一师范学院、长沙师范学院	
7			初中起点五年制专科	湖南幼儿师范高等专科学校	
8		幼儿园教师	初中起点六年制本科	长沙师范学院	
9			初中起点五年制专科	长沙师范学院	
10		特殊教育教师	初中起点五年制专科	长沙职业技术学院	
11	市州计划	初中教师	初中起点六年制本科	吉首大学、湖南文理学院	
12		小学教师	初中起点六年制本科	湖南城市学院	
13			初中起点五年制专科	吉首大学师范学院、湖南幼儿师范高等专科学校、湘南幼儿师范高等专科学校、湘中幼儿师范高等专科学校、怀化师范高等专科学校、湖南民族职业学院、衡阳幼儿师范学校、道县师范学校、娄底幼儿师范学校	

第一章 培育乡村教师：公费定向师范生教育计划的目的

续表

序号	项目计划来源	培养类型	学制	培养学校	备注
14	市州计划	小学教师（扶贫）	初中起点五年制专科	吉首大学师范学院、湖南幼儿师范高等专科学校、湘南幼儿师范高等专科学校、湘中幼儿师范高等专科学校、怀化师范高等专科学校、湖南民族职业学院、衡阳幼儿师范学校、道县师范学校	
15		小学男教师	初中起点五年制专科	吉首大学师范学院、湖南幼儿师范高等专科学校、湘南幼儿师范高等专科学校、湘中幼儿师范高等专科学校、怀化师范高等专科学校、湖南民族职业学院、衡阳幼儿师范学校、道县师范学校、娄底幼儿师范学校	
16		小学教学点教师	初中起点五年制专科	湘中幼儿师范高等专科学校、湖南民族职业学院、衡阳幼儿师范学校、道县师范学校	
17		幼儿园教师	初中起点五年制专科	吉首大学师范学院、湖南幼儿师范高等专科学校、湘南幼儿师范高等专科学校、湘中幼儿师范高等专科学校、怀化师范高等专科学校、湖南民族职业学院、衡阳幼儿师范学校、道县师范学校、娄底幼儿师范学校	
18		幼儿园教师(扶贫)	初中起点五年制专科	湘南幼儿师范高等专科学校、怀化师范高等专科学校、湖南民族职业学院、衡阳幼儿师范学校	

从生源结构来看，报考乡村学校公费定向师范生教育计划的乡村学生偏多。由于乡村学生长年生活于乡村、成长于乡村、学习于乡村，具有乡村社会的文化背景、生活习惯和行为方式，本地就业导致他们更为了解乡村学校，更易适应乡村生活，更能接受乡村任教，更具服务家乡教育的使命感和责任感。农村背景是一个吸引和留住农村教师的特殊因素。[①] 公费

[①] Roberts P. Staffing an Empty Schoolhouse: Attracting and Retaining Teachers in Rural, Remote and Isolated Communities [R]. New South Wales: New South Wales Teachers Federation, 2004.

定向师范生的家乡所在地与任教所在地存在紧密的地缘关系，本地就业能够促使他们长期任教乡村学校，进而增加了"留得住"的概率。

第三节 培育"教得好"的乡村教师

"教得好"是指公费定向师范生毕业后能以高质量的业务能力素质任教于乡村学校，强调教育教学知识与能力的优良性，同时"教得好"体现出对公费定向师范生乡村教育教学水平的规格和要求。当前乡村教师"教不好"的现象依然存在，严重制约了乡村教育的进一步发展，阻碍着乡村教育现代化的发展进程。如何全面提升公费定向师范生的能力素质，培育一支"教得好"的乡村教师队伍，在某种程度上决定着乡村教育的发展水平和发展速度。从乡村属性来看，"当下城乡趋同模式下的专业发展在乡村教师的知觉中，常常是理念与立意良善，但缺少乡村特质，不符合他们的诉求……乡村教师的专业化过程被引入一场几乎没有终点的追赶城市教师的文化苦旅"[①]。乡村教师在追逐城市教师专业化发展的路途中容易迷失自我，导致自身的乡村属性不足和乡村话语匮乏。因此，乡村学校公费定向师范生教育计划的重要目标之一，就是公费定向师范生前往乡村学校到岗留任之后，能够立于乡村学校场域空间之中，以优良的职业素养教育乡村儿童，提升乡村教育质量，达成"下得去""留得住""教得好"。公费定向师范生"下得去"以后"留得住"，"留得住"以后又能"教得好"，体现数量和质量并重，乡村教育发展才能获得品质上的深度提升。职是之

---

① 孙兴华，马云鹏.乡村教师能力素质提升的检视与思考［J］.教育研究，2015（5）：105-113.

第一章 培育乡村教师：公费定向师范生教育计划的目的

故，乡村学校公费定向师范生教育计划坚持德育为先、能力为重、面向乡村、强化实践的基本原则，引领、正视、优化、生成"教得好"，进而培养高质量、契合乡村教育的教师队伍。

一、德育为先，引领"教得好"

"教得好"之"好"是"教"得"好"，但"教"本身具有道德意涵。从古至今，人类社会对择师相当严格，"不但要求教师博学多识，还要求教师品行方正，为人楷模"[①]。汉代学者扬雄提出："师者，人之模范也，无德者无以为师。"意思是说，没有道德的人不可以做教师。在此意义上，人的道德品质是乡村教师专业素质发展之根，所谓乡村教师"教得好"是具有道德成分或道德意义的。"教得好"是以道德品质为基础的"教得好"。如果乡村教师"教得好"脱离了道德品质的支撑，专业素质发展则变为无关是非、善恶、美丑的纯粹技艺。因此，乡村学校公费定向师范生教育计划非常重视公费定向师范生的道德品质及培养，一般将"身心健康""热爱祖国""品行良好""遵纪守法"等作为报名对象的基本条件，选拔思想品德优良的学生进入公费定向师范生队伍，按照德育为先的原则，加强公费定向师范生师德教育，培育他们成为师德高尚的乡村教师。

教育行为作为一种教育手段，服务于教育目的。教育目的规定了学校教育和学生发展的根本方向。从教育目的来看，学校教育的根本任务是立德树人，促进学生德智体美劳全面而自由发展。"教得好"之"好"，受到教育目的的定向和调控。马克思认为："教育者本人一定是受教育的。"[②]

[①] 蒋纯焦. 中国传统教师文化趣探[M]. 上海：上海人民出版社，2012：96.

[②] 马克思恩格斯文集（第一卷）[M]. 北京：人民出版社，2009：500.

乡村儿童全面发展的教育目的之实现，要求乡村教师首先认识全面发展、自我实现全面发展。乡村学生的道德品质塑造，要求乡村教师先发展道德品质、自我提升道德素养。作为乡村教育者的乡村教师，若要把乡村儿童着力培养成为德智体美劳全面发展的社会主义建设者和接班人，势必敬业立学、崇德尚美，全面提升自我的思想政治素质和职业道德水平。因此，乡村学校公费定向师范生教育计划要求培养院校按照德育为先的基本原则，根据基础教育发展和课程改革的要求，系统设计人才培养方案，促进公费定向师范生的全面发展，以此引领"教得好"。

进一步说，以德育引领乡村教师"教得好"，从德育内容分析，重在培养公费定向师范生的乡村教育情怀。只有乡村教师真心热爱乡村教育，扎根乡村学校育人，内心怀有乡土情感，深感乡村教师的使命与责任，才能将广博的教育教学知识、卓越的教育教学能力，化为滋润乡村教育的沃土，点亮乡村的文明之光，促进乡村儿童的全面发展。因此，乡村学校公费定向师范生教育计划需要选拔愿做春泥的公费定向师范生。比如，《河南省教育厅关于做好2020年河南省地方公费师范生定向招生工作的通知》中明确要求考生的报考条件："热爱教育事业，立志长期从教，积极投身农村教育和特殊教育。"[1] 又如：《湖南省师范生公费教育实施办法》第九条明确提出："省属高等院校要按照德才兼备、一专多能、面向乡村的原则，根据基础教育发展和课程改革的要求，加强省内公费定向师范生师德教育，引导公费定向师范生树立先进的教育理念，热爱教育事业，坚定

---

[1] 河南省教育厅.河南省教育厅关于做好2020年河南省地方公费师范生定向招生工作的通知[EB/OL].http://www.henan.gov.cn/2020/06-12/1548766.html，2020-06-12.

长期从教的职业理想，为将来成为优秀教师和教育专家打下牢固根基。"①

二、能力为重，正视"教得好"

"教得好"之"好"是"教"得"好"，从内容看，"教"主要指向教师的"专业知识"和"专业能力"。教师依靠自己的专业知识和专业能力引导学生、教育学生，如果专业知识缺乏、专业能力低下，"传道授业解惑"难以完成好，"教得好"也成为无源之水、无本之木。故而"教得好"不但需要师德建设的引领，而且需要专业系统的支持。"教得好"是道德性与专业性的统一，二者缺一不可。"教师无法仅靠道德而道德，教师道德必须建立在专业基础之上，并在专业实践中得到有效实践。缺少了专业知识、专业反思以及专业能力的支撑，教师的道德就失去了基础。"②职是之故，"教得好"要求公费定向师范生具有较强的教育教学能力，在教育教学实践中能够遵循教育教学规律，有效传授学生学科知识，促进学生道德发展，引导学生全面成长，干好教师的本职工作。因此，重视培育公费定向师范生的教育教学知识与能力，成为正视"教得好"的关键所在。乡村学校公费定向师范生教育计划坚持能力为重的基本原则，一般从师资队伍和质量管控两个方面促进公费定向师范生"专业知识"和"专业能力"发展，正视"教得好"。

一方面，乡村学校公费定向师范生教育计划要求培养院校集聚优秀师

---

① 湖南省教育厅. 关于印发《湖南省师范生公费教育实施办法》的通知［EB/OL］.http：//jyt.hunan.gov.cn/jyt/sjyt/xxgk/tzgg/202101/t20210120_1031662.html，2021-01-20.

② 蔡辰梅. 何为好老师？——教师之善及其构成要件［J］. 中国德育，2020（16）：39-44.

资力量,安排中小学名师、高校高水平教师给公费定向师范生授课,提供优良的教育教学条件,着力培育公费定向师范生的"专业知识"和"专业能力"。另一方面,乡村学校公费定向师范生教育计划要求培养院校精心制定培养方案和管理办法,加强培养过程的质量管控,严把公费定向师范生培养的质量关。比如,《四川省关于开展师范生公费定向培养工作的实施意见》中提出:"培养院校要制定公费师范生的培养方案和管理办法,选派优秀教师授课,加强职业理想和师德教育,创新培养模式,提高培养质量。"《广东省关于公费定向培养粤东粤西粤北地区中小学教师的实施办法》中强调:"培养院校要修订人才培养方案,优化课程体系;创新人才培养模式,提高信息化教学能力;强化质量意识,加强学籍管理和教学管理。"

此外,为了鼓励培养院校培育出专业知识深厚、专业能力超群的公费定向师范人才,多个省份的乡村学校公费定向师范生教育计划中,把培育出优秀的公费定向师范生当作培养院校办学水平的关键指标,以此强化培养院校对公费定向师范生专业知识与能力发展的重视。其中,《山东省师范生公费教育实施办法》第二十四条规定:"将培养优秀中小学教师的工作成效作为评价师范院校办学水平的关键指标。对在实施师范生公费教育工作中做出积极贡献的师范院校给予政策倾斜,进一步加大对师范专业的支持力度。"《湖南省师范生公费教育实施办法》第二十六条规定:"要把培养省内公费定向师范生的工作成效作为评价相关省属高等院校办学水平的重要指标。对在实施省内公费定向师范生教育工作中做出积极贡献的省属高等院校给予政策倾斜,进一步加大资金支持力度。"

第一章 培育乡村教师：公费定向师范生教育计划的目的

三、面向乡村，优化"教得好"

"教得好"之"好"是"教"得"好"，从形式看，"教"是动态的、变化的，主要指向教师的"教育行动"和"教学行动"。"教得好"是在表达乡村教育情境下教育教学的行动结果，是将"专业知识""专业能力"正当应用于乡村教育实践的具体情境，凸显为对乡村教育情境的感知、辨别与顿悟。因此，"教得好"不但包含对待受教育者的得当方式，而且包含对教育时机的敏锐把握，集中表征为一种"教育机智"或"教学机智"。"培养和提高一个人的教育敏感性和教育机智就是在迎接这样一种挑战——针对不同的个体实施不同的教育行动。智慧的教育者形成了一种对独特性的关注，他们关注孩子的独特性、情境的独特性和个人生活的独特性。"[1]在此意义上，乡村教师之"教得好"是一个不同于城市教师之"教得好"的概念和内涵，他们要十分关注乡村儿童的独特性、乡村教育的独特性、乡村生活的独特性，"乡村性"遂成为乡村教师"教得好"的独有特征。

乡村学校公费定向师范生教育计划培育乡村教师，是在培育面向乡村而"教得好"的教师队伍，坚持"乡村性重塑乡村教师专业素养"[2]，以此优化"教得好"。比如：湖南省规定培养院校要按照德才兼备、一专多能、面向乡村的原则，开展乡村学校公费定向师范生教育计划，培养公费定向师范生成为素质优良的乡村教师；山东省规定培养高校要按照德育为先、一专多能、面向农村、强化实践的原则，实施乡村学校公费定向师范生教育计划，培养公费定向师范生成为高质量的乡村教育人才。其中，"面

---

[1] ［加］马克斯·范梅南，李树英.教育的情调［M］.李树英，译.北京：教育科学出版社，2019：11.

[2] 秦玉友."乡村性"：重塑乡村教师专业素养［N］.中国教育报，2015-12-30（09）.

向乡村"是乡村学校公费定向师范生教育计划培育乡村教师的重要原则和指导理念。

在"教育行动"和"教学行动"中，公费定向师范生教育计划面向乡村而优化"教得好"至少包含三个方面。首先，"面向乡村"是要面向乡村儿童而"教得好"。乡村学校里面，乡村教师是教育者，乡村儿童是受教育者，乡村教师之"教得好"是通过教育乡村儿童表现出来的，在这种情形下，乡村儿童并不是外在于"教得好"，而是"教得好"的构成要素。其次，"面向乡村"是要面向乡村教育而"教得好"。"当前乡村教育的最大问题在于乡村教育城市化的发展导向，城市化的发展方向使乡村教育走入了困境。"[①] 乡村教育城市化促使乡村教育按照城市教育的模式来发展，丧失了自身的主体地位和文化特征，最终沦落成为城市教育的劣质复制品。所以，乡村教师之"教得好"势必凸显"乡土性"，是一种充分契合乡村教育的高水平教育教学能力，而非完全移植城市教育的知识搬运。最后，"面向乡村"是要面向乡村发展而"教得好"。乡村教师是专业身份和公共身份的统一体，在乡村社会中承担着重要的公共角色。乡村教育要发展、乡村文化要传承、乡村民众要教化，乡村教师责无旁贷。乡村教师之"教得好"不仅体现在乡村学校之中，而且表现在乡村学校之外，"教得好"可以延伸至教化乡村民众、传承乡土文化之"好"。

四、强化实践，生成"教得好"

"教得好"之"好"是"教"得"好"，"教"是一种实践性的教化。"教得好"是乡村教师在教育实践之中表现出来的"好"的行动。进一步说，

---

① 陈旭峰.乡村教育不可简单城市化[N].学习时报，2014-11-17（09）.

第一章　培育乡村教师：公费定向师范生教育计划的目的

如果把"教得好"理解成对乡村教师出色地完成教育实践活动的"称赞"，那么，"教得好"之于乡村教师，是一种德行表征。① 按照亚里士多德的解释，个体先运用德行而后才会获得德行。"对于需要学习才能做的事情，我们是通过做那些学会后所应当做的事来学的。比如，我们通过造房子而成为建筑师，通过弹奏竖琴而成为竖琴手。"② 同样，公费定向师范生通过"教"而成为"教得好"的乡村教师。由于"教"是一种教育实践，教育实践是乡村教师"教得好"的行动载体，并不存在脱离教育实践的"教得好"。以此意义，教育实践是达成乡村教师"教得好"的必要条件，强化教育实践就是推动"教得好"。

乡村学校公费定向师范生教育计划培育乡村教师，是在强化教育实践的过程中促使公费定向师范生成为"教得好"的乡村教师。在国家层面，《教育部关于加强师范生教育实践的意见》提出"师范生教育实践是教师教育课程的重要组成部分，是教师培养的必要环节"③，强调了教育实践之于师范生的重要意义。在省级层面，比如山东省规定培养高校要"创新培养模式，强化教育实践，落实实习支教制度，全面提高公费师范生培养质量，为将来成为优秀教师打下牢固根基"；又如湖南省规定培养院校"强化实

---

① 在原初意涵上，德行是指人们对于人的出色的实践活动的称赞。现代意义上，德行被理解成人或者事物所具有表现功能的优秀品质。例如，哲学家麦金太尔在《德行之后》一书中提出，"德行"最初体现在英雄社会的描述中，"德行就是维持一个充当某种角色的自由人的那些品质，德行就表现在他的角色所要求的行为中"。具体可参见：[美]麦金太尔.德行之后[M].龚群，等译.北京：中国社会科学出版社，1995：154.

② [古希腊]亚里士多德.尼各马可伦理学[M].廖申白，译.北京：商务印书馆，2003：36.

③ 中华人民共和国教育部.教育部关于加强师范生教育实践的意见[EB/OL].http://www.moe.gov.cn/srcsite/A10/s7011/201604/t20160407_237042.html，2016-04-07.

践教学环节，落实省内公费定向师范生在校期间教育实践时间累计不少于一个学期的制度"；再如广东省规定培养院校"加强师范技能训练，确保公费定向培养对象在校期间教育实践时间累计不少于一个学期"。

当然，乡村学校公费定向师范生教育计划致力于强化教育实践而生成"教得好"的乡村教师，并不是说公费定向师范生教育实践完全沦为一种实现"教得好"的工具性行为。教育实践之于"教得好"的工具价值是无可遮蔽的，但它并不限于"教得好"的现实目的。"现实的教育活动唯有成为追求美善生活和培育优秀人性的行动，它才是实践。"[①]因此，强化教育实践是一种推动公费定向师范生之"教得好"的向善行动，追求美善生活、培育优秀人性同样为教育实践所追求。

第四节 培育"有发展"的乡村教师

"有发展"是指公费定向师范生毕业任教乡村学校以后专业成长的高速度和高水平，强调公费定向师范毕业生作为乡村教师的职业发展和终身发展的重要意义，同时"有发展"体现出对公费定向师范生任教乡村的激励和保障。当前乡村教师队伍建设存在学历水平较低、职业倦怠明显、科研能力偏弱、培训落实难以到位等问题，严重阻碍了乡村教师的专业成长，制约着城乡教育均衡优质的发展进程。如何在职前职后教育中有效推动公费定向师范生的专业成长，培育一支"有发展"的乡村教师队伍，在某种程度上体现着乡村学校公费定向师范生教育计划的成败。人的需要层次理论认为，人具有低级需要和高级需要之分，最高层级需要表现为人的自我

[①] 金生鈜.何为教育实践？[J].华东师范大学学报（教育科学版），2014（2）：13-20.

第一章 培育乡村教师：公费定向师范生教育计划的目的

实现需要。自我实现是个体的各种才能和潜能在适宜的社会环境中得以充分发挥，实现个人理想和抱负的过程。人具有追求自我实现的内在需要倾向，自我实现需要受阻，往往会产生心理疾病和问题行为。因此，满足公费定向师范毕业生的自我实现需要，支持公费定向师范毕业生专业成长的合理要求，其意义性不可小觑。但现实表明：公费定向师范毕业生任教乡村学校以后面临着"经济待遇有待提高""流动机制不合理""教师培训诉求无法满足""教师专业成长受阻"等生存困境。[①] 职是之故，当前全国多数省份的乡村学校公费定向师范生教育计划，采用设置目标、鼓励升学、提升技能等重要措施，培养、推动、促进"有发展"，努力为公费定向师范生营造更大更广的发展空间。

一、设置目标，培养"有发展"

教师专业成长是一个职前职后一体化的完整发展过程，职前教育是教师专业成长的起点，职后教育是教师专业成长的继续。职前教育与职后教育相互影响、相辅相成、相互补充，两者共同作用于教师专业成长的整个生涯。在职前教育中，只有把培育"有发展"的乡村教师作为公费定向师范生教育的重要目的，才能有助于公费定向师范生朝着"有发展"的乡村教师的方向成长。之所以这么说，是因为教育目的具有规范意义，它反映了公费定向师范生通过教育而达到的应该状态。"在规范概念的意义上，教育目的意指一种规范，它描述了一种设想的有关一个（或多个）受教育者的人格状态或者人格特征，它（或它们）不仅应该变成现实，而且教育

---

① 刘彬毅.公费师范毕业生职业生存状况调查研究[D].长沙：湖南师范大学，2018.

者还应该通过教育有助于它（或它们）。"①以此意义，教育目的实际上就是一些有关想要或努力要达到的结果的陈述，就是培养院校想要在公费定向师范生身上看到什么结果。培养目标是教育目的在学校场域的具体化，可以理解为在公费定向师范生受教育时期以及所有教育者的教育工作结束时应该达到的身心状况。因此，培养院校的培养目标势必要设定为：把公费定向师范生培养成为"有发展"的乡村教师。

全国多数省份的乡村学校公费定向师范生教育计划表明："优秀老师"是培养院校实施公费定向师范生教育的目标指向。比如：广东省规定培养院校的人才培养规格要按照培养造就优秀教师的目标，制订公费定向培养专业的培养方案，提供优良的教育教学条件，对公费定向师范生实施教育培养，进行管理和综合评价；又如湖南省规定培养院校的人才培养规格要引导公费定向师范生树立先进的教育理念，热爱教育事业，坚定长期从教的职业理想，为将来成为优秀教师和教育专家打下牢固根基（见表1-9）。何谓"优秀老师"？这是个见仁见智的问题，但"优秀老师"一定是专业成长突出、职业成就优异的教师，也就是说"有发展"的教师。乡村学校公费定向师范生教育计划正是以高标准的培养目标，在职前教育中努力把公费定向师范生培养成为"有发展"的乡村教师。

在多数情况下，"优秀教师"之培养目标，只是公费定向师范生通过教育活动而达到该结果的描述，它是一种还未在公费定向师范生身上变为现实的状态，一种教育行动所瞄准想要达到的状态。但是，"优秀教师"之培养目标对公费定向师范生的培养具有定向作用。也就是说，公费定向

---

① ［德］沃尔夫冈·布列钦卡.教育科学的基本概念［M］.胡劲松，译.上海：华东师范大学出版社，2001：99.

师范生教育依赖这样的规定，绝对不能改变、偏离、否定而盲目发展，并对不符合公费定向师范生教育目的要求的发展给予正确引导，使其按"优秀教师"之预定方向发展，符合公费定向师范生教育目的的规定，最终为培养"有发展"的乡村教师奠定坚实根基。

表1-9 主要省份公费定向师范生教育的培养目标

省份	培养院校人才培养目标
广东	按照培养造就优秀教师的目标，制订公费定向培养专业的培养方案，提供优良的教育教学条件，对乙方（公费师范生）实施教育培养，进行管理和综合评价
湖南	根据基础教育发展和课程改革的要求，加强省内公费定向师范生师德教育，引导公费定向师范生树立先进的教育理念，热爱教育事业，坚定长期从教的职业理想，为将来成为优秀教师和教育专家打下牢固根基
山东	加强公费师范生师德教育，树立先进的教育理念，坚定长期从教的职业理想，创新培养模式，强化教育实践，落实实习支教制度，全面提高公费师范生培养质量，为将来成为优秀教师打下牢固根基
宁夏	按照培养造就优秀乡村教师的目标，制订公费师范生教育培养方案，提供优良的教育教学条件，对乙方实施教育培养，进行管理和综合评价
四川	按照培养造就优良教师的目标，制订公费师范生教育培养方案，提供必需的教育教学条件，对乙方实施教育培养，进行管理和综合评价。培养院校要制定公费师范生的培养方案和管理办法，选派优秀教师授课，加强职业理想和师德教育，创新培养模式，提高培养质量

二、鼓励升学，推动"有发展"

教师专业成长是一个职前职后一体化的完整发展过程，乡村学校公费定向师范生职前教育通过设置目标培养其成为"有发展"的乡村教师，职后教育通过鼓励升学推动其成为"有发展"的乡村教师。文凭社会理论认为，教育文凭的通货膨胀造成工作职位对教育水平的要求水涨船高，虽然文凭膨胀带来了文凭的缩水与贬值，但文凭在影响个体的社会层级和社会流动上仍然举足轻重，它仍然是"职业获得的准入证""经济收益的开源阀""选贤任能的度量仪""地位名望的推进器"。①因此，公费定向师范生提升个人的学历水平，实现从低级文凭到高级文凭的转变，在一定程度上是出色、卓越、实力的象征，是彰显自己"有发展"的"硬指标"。U-S-G三方协议对公费定向师范生在培养期或服务期的学历提升有着明确规定。整体来说，乡村学校公费定向师范生教育计划鼓励公费定向师范生升学深造，继续接受教育，推动其成为"有发展"的乡村教师。

全国多数省份的乡村学校公费定向师范生教育计划鼓励公费定向师范生的升学形式或继续教育方式，大致分为三种情况（见表1-10）：一是鼓励公费定向师范生通过自学考试或函授的继续教育的形式提升文凭层次；二是鼓励和支持公费定向师范生报考非全日制研究生，通过在职攻读教育硕士专业学位提升文凭层次；三是在承诺研究生毕业后按期回到定向就业市从事农村教育教学的基础上，支持在培养期和服务期通过报考全日制硕士研究生、农村学校教育硕士师资培养计划等形式提升文凭层次。不难发现，受困于U-S-G三方协议的义务条款，一些省份严格要求公费定向师范生不得在服务期内脱产提升学历，只能以在职继续教育的形式提升学历；一些省份规定公费定向师范生可以在服务期内脱产提升学历，但前提在于经过地方政府的审核与同意，同时签订补充协议。无论哪一种情况，乡村学校公费定向师范生教育计划都赋予了公费定向师范生提升文凭层次的权利和机会，以及获得学历提升的可能，这在根本上有利于培育"有发展"的乡村教师之目标达成。

从低级文凭到高级文凭，公费定向师范生学历层次的提升，影响其专

---

① 杨运强，杨颖东，李昊宸.文凭社会的逻辑及其批判——透过文凭追逐及异化现象[J].教育学术月刊，2020（3）：47-53.

第一章 培育乡村教师：公费定向师范生教育计划的目的

业成长的高度和速度。"在今天的世界里，教育是能够决定一个人走多远的最重要因素。职业地位与受教育年限之间的相关度是 0.60。"[①]因此，乡村学校公费定向师范生教育计划鼓励和支持公费定向师范生进行学历提升，延长受教育年限，能够加速他们专业成长的发展水平。

表 1-10 主要省份公费定向师范生协议的继续教育规定

省份	协议规定的继续教育形式
广东	在协议规定服务期内，不得以升学、调动等为由不履行服务期限约定，鼓励通过自学考试或函授、在职攻读研究生等在职继续教育的形式，提升学历和教学能力
湖南	公费定向师范生在协议规定的服务期内，不得脱产攻读普通硕士学位，但可在职攻读教育硕士专业学位
山东	公费师范生在培养期报考全日制硕士研究生，报名前须按照有关程序经定向就业市教育行政部门同意，并签订补充协议，承诺研究生毕业后按期回到定向就业市从事农村教育教学工作不少于 6 年，可保留公费师范生身份至研究生毕业。公费师范生在培养期和服务期可报考非全日制研究生。具有推免资格的公费师范生须经定向就业市教育行政部门同意，签订补充协议后可进行推免，承诺研究生毕业后按期回到定向就业市从事农村教育教学工作不少于 6 年。公费师范生可申报"农村学校教育硕士师资培养计划"，到定向就业市从事农村教育教学工作累计 6 年
宁夏	公费师范毕业生经考核符合要求的，可攻读在职教育硕士专业学位，在职学习专业课程，任教考核合格并通过论文答辩的，取得硕士研究生毕业证书和教育硕士专业学位证书。公费师范生毕业前及在协议规定服务期内，不得报考脱产研究生。鼓励和支持乙方（公费师范生）在职攻读教育硕士专业学位，促进其终身学习和职业发展
四川	公费师范毕业生在协议服务期内不能脱产提升学历。支持、鼓励公费师范生在职提升学历

三、提升技能，促进"有发展"

构建职前职后一体化的教师专业成长体系，是培育新时代乡村教师的主流发展模式。乡村学校公费定向师范生教育计划的基本任务是为乡村教

---

① [美]兰德尔·柯林斯.文凭社会：教育与分层的历史社会学[M].刘冉,译.北京：北京大学出版社，2018：4.

育培养"有发展"的乡村教师。"有发展"的乡村教师是职业发展高质量的教师，是终身可持续发展的教师。前者要求培养院校在教师职前教育中为公费定向师范生职业发展创造条件，打好基础；后者要求地方政府在教师职后教育中为公费定向师范生终身发展提供机会，强化学习。两者在乡村学校公费定向师范生教育计划中均有体现。

在职前教育中，乡村学校公费定向师范生教育计划以提升技能的教育活动，促进公费定向师范毕业生成为职业发展高质量的乡村教师。多数省份强调"培养院校要关心公费定向师范毕业生的成长，并为他们继续深造、终身学习和职业发展创造条件"，通过遴选优秀学生参加国内外交流学习、教学技能比赛等教育活动，促进公费定向师范毕业生的职业成长与发展（见表1-11）。在职后教育中，乡村学校公费定向师范生教育计划以提升技能的教师培训，促进公费定向师范毕业生成为终身可持续发展的乡村教师。现代社会已经迈入全民学习和终身学习的"学习型社会"的历史时期。"学习型社会的实质就是'以学习求发展'，以个体的学习来追求个体的发展，以组织的学习来追求组织的发展，以国家的学习来促进国家的发展，以终身的学习来追求终身发展，以灵活的学习来追求多样发展，以自主的学习来追求内在发展。"[①] 在学习型社会中，乡村教师的终身学习、终身发展更为重要。乡村教师终身"有发展"，是着眼于教师专业成长，秉持终身学习的理念，通过校本培训、集中培训、在职进修、远程培训等方式，不断自觉更新教育观念，增强专业决策能力，钻研教育教学业务，提高教书育人的技能水平。乡村学校公费定向师范生教育计划，鼓励和支持公费定

---

① 顾明远，石中英．学习型社会：以学习求发展[J]．北京师范大学学报（社会科学版），2006（1）：5-14．

第一章 培育乡村教师：公费定向师范生教育计划的目的

向师范生在服务期内参加专业技能提升培训，促进其终身学习和职业发展。比如：湖南省规定"各级教育行政部门要将公费师范生履约任教后的在职培训纳入中小学教师国家级和湖南省培训计划，落实五年一周期的教师全员培训制度，支持公费师范生专业发展和终身成长"。

表1-11　主要省份公费定向师范生的技能提升规定

省份	培养院校和地方政府提升公费定向师范生技能的规定内容
广东	培养院校关心公费定向培养对象的成长，为他们继续深造、终身学习和职业发展创造条件。地方政府鼓励和支持公费定向师范生在服务期内参加专业技能提升培训，促进其终身学习和职业发展
湖南	培养学校遴选优秀公费师范生参加国内外交流学习、教学技能比赛等活动。各级教育行政部门要将公费师范生履约任教后的在职培训纳入中小学教师国家级和湖南省培训计划，落实五年一周期的教师全员培训制度，支持公费师范生专业发展和终身成长
山东	培养院校关心公费定向师范生学习成长，并为他们继续深造、终身学习和职业发展创造条件。鼓励各地政府和社会各界设立公费师范生专项奖学金。支持培养高校遴选优秀公费师范生参加国内外交流学习、教学技能比赛等活动。各市要将公费师范生履约任教后的在职培训纳入中小学教师培训计划，落实五年一周期的教师全员培训制度，支持公费师范生专业成长和终身发展
宁夏	关心公费师范毕业生的成长，并为他们继续深造、终身学习和职业发展创造条件。鼓励和支持公费定向师范生在职攻读教育硕士专业学位，促进其终身学习和职业发展
四川	鼓励和支持公费定向师范生在职提升学历学位，促进其终身学习和职业发展

本章结语

百年大计，教育为本。教育发展，教师为本。乡村学校公费定向师范生教育计划旨在培育一批"下得去、留得住、教得好、有发展"的乡村教师，进而精准补充乡村教师，促进乡村教育又好又快发展。在乡村振兴背景下，乡村学校公费定向师范生教育计划具有非比寻常的意义和价值，能够优化乡村教师素质结构、加快乡村教师队伍建设，推动乡村教育自觉自主的发展。

乡贤文化视域下公费定向师范生教育研究

"农村教育几乎完全被城市教育所牵引，而处于集体失语的状态。"[①]作为培育乡村教师的教育政策，乡村学校公费定向师范生教育计划有助于打破城乡教育之间的生态平衡，帮助乡村教育找回自身本该具有的文化特征。

公费定向师范生教育培育"下得去、留得住、教得好、有发展"的乡村教师，不是完全按照"下得去""留得住""教得好""有发展"的先后顺序进行的。四者之间不是一种绝对线性关系，而是一种非线性关系。"下得去""留得住""教得好""有发展"互为条件、相辅相成、相互影响。公费定向师范毕业生"下得去"以后才能达成"留得住""教得好""有发展"，"留得住"随着"下得去""教得好""有发展"而更加强烈，"教得好"离不开"下得去""留得住""有发展"的三方作用，"有发展"离不开"下得去""留得住""教得好"的三方支持。四者之间的关系，具体如下。

首先，"下得去"是前提。只有公费定向师范毕业生"下得去"乡村学校从事教学工作，"留得住""教得好""有发展"才有实现的可能性。舍此，任何有利于"留得住""教得好""有发展"的教育、政策和行为都是毫无意义的，"留得住""教得好""有发展"都是难以实现的。其次，"留得住"是载体。"下得去""教得好""有发展"之所以会发生，之所以会存在，之所以会变化，其主要原因在于公费定向师范生能够身在乡村学校之中长期任教。只有做到了"留得住"，才能进一步实现"教得好""有发展"，"留得住"成为一种转化中介和行为载体。同时，公费定向师范毕业生"下得去"而"留不住"，就不是真正的"下得去"。"教

---

① 李涛.政策误区让农村教师岗位成过渡[N].中国青年报，2015-09-21（10）.

第一章 培育乡村教师：公费定向师范生教育计划的目的

得好"而"留不住"、"有发展"而"留不住"，公费定向师范毕业生从事乡村教师职业就会变成一个暂时的"过渡岗位"，随时存在逃离乡村教育的可能。再次，"教得好"是动力。公费定向师范毕业生"教得好"，受到学生的尊敬，就会产生职业成就感，继而反作用于"留得住"。"教得好"也方能"有发展"，一个"教不好"的乡村教师，其专业成长和职业发展的速度较慢、水平较低。反过来看，"教得好"意味着"有发展"，能吸引更多的公费定向师范毕业生"下得去"乡村学校从事教学工作。最后，"有发展"是支持。公费定向师范毕业生"有发展"，享受到职业发展和专业发展带来的幸福感和获得感，必将有利于"留得住""教得好"，必将促使公费定向师范毕业生意识到人生价值的存在意义，强化在校就读公费定向师范生"下得去"的人生选择。

总而言之，在乡村振兴背景下，加大乡村教师队伍建设，重建乡村教育的发展愿景，让乡村教师成为一个具有主体感、价值感和尊严感的职业，让乡村教育成为乡村社会发展的精神归属和心灵寄托，乡村学校公费定向师范生教育计划功不可没。

第二章　成为时代乡贤：
乡村教师乡贤身份的角色重塑

古代社会的乡村教师是乡贤群体的重要人员，坚守治教合一的人生追求。"在中国漫长的乡村社会历史上，传统乡村塾师曾经担当乡村文化的代言人、乡村礼教的承担者、乡村治理的协助者等乡贤角色。"[①] 但在治教分离的现代境遇中，乡村教师重教轻治，悬浮于乡土社会之外，乡贤身份逐渐衰落。乡贤身份之丧失是乡村教师退化为彻底"职业人"的直接产物，根源在于国家法定建构、专业主义引领、技术官僚规训、离土离乡趋向的共同作用。新时代乡村教师可以自愿、主动甚至自觉走向乡贤的返场方式，重新找回乡贤身份，自发回归乡村教育者与乡村建设者的双重角色，主导乡村教育现代化的同时助推乡村社会经济现代化，在乡村社会和乡村治理中发挥积极的行为示范作用和价值引领功能，彰显乡村教师之于乡村振兴

---

① 肖正德.传统乡村塾师的乡贤角色及当代启示［J］.社会科学战线，2020（11）：232-239.

第二章　成为时代乡贤：乡村教师乡贤身份的角色重塑

的重要意义。在新时代里，重构乡村教师的乡贤身份，具有释放引领乡村教化、推动乡民致富、优化乡村治理、拯救乡童心灵的重要价值。但新时代乡村教师乡贤身份重构之路，经受着"责任""场域""文化"三层困境。走出困境的可能之路是乡村教师发展成为新乡贤，同时增强与完善乡村教师成为新乡贤的内在动力和制度支持，继而发挥新时代乡村教师新乡贤示范引领作用。"建构新时代乡村教师乡贤形象，打造一支优秀的乡村教师队伍，使之成为乡村教育扶贫的先行者、乡村儿童成长的守护者、乡村社会新风的示范者、乡村公益事业的参与者，扎根乡土，奉献乡里，投身乡村教育事业，是乡村未来发展的希望所在。"①

第一节　乡村教师乡贤身份的时代流变

在中国古代社会，乡村教师的主体是乡村塾师。一大部分乡村塾师由"乡贤"或"乡绅"来担任，乡村塾师可谓乡贤群体的重要构成人员。传统乡贤是"乡里中德行高尚的人，主要致力于建设乡村、改善民生、参与乡里公共事务，起到了维护社会稳定、传承中华文明的重要作用"②。具有乡贤身份的乡村塾师，无缝隙地嵌入乡村社会中，沉浸在乡土文明里。乡村塾师在明朝达到了一个前所未有的鼎盛局面。明初洪武八年（1375年），朱元璋下诏，命天下在乡社兴建学校以教民间子弟，直接催生"每乡每里俱设社学"③。当时全国社学"20万以上"，乡村学校的数量"前

---

① 吉标. 建构新时代乡村教师乡贤形象［N］. 中国社会科学报，2020-11-02（05）.
② 李思琪. 新乡贤：价值、祛弊与发展路径［J］. 国家治理，2018（3）：28-36.
③ 李绪柏. 明清广东的社学［J］. 学术研究，2001（3）：75-81.

代从未有过",社学教师即乡村塾师的社会规模是空前的。①明代社师不仅承担"启蒙养正的教育职责",而且负有"导风化俗的社会功能",怀有鲜明的乡贤精神。②自明朝以来,经由清末废科举兴学堂之新式教育兴起,到20世纪初乡村国民学校的设立,再到1949年中华人民共和国成立至今的乡村教育国家化,乡村教师从乡土滋养的乡村塾师慢慢演变成为现代意义上的人民教师,其与乡村生活逐渐隔膜与疏远,成为一个悬浮于乡村社会之外的特殊群体,其乡贤身份名存实亡,乡贤形象和乡贤精神基本衰落。③

一、治教合一的人生追求:乡村教师乡贤身份的古代镜像

受"治教无二,官师合一"悠久传统理念的潜在影响,古代乡村教师的职责不仅在于传道、授业、解惑之教,而且包含代官化民之治,以治教合一的人生追求彰显了乡村教师的乡贤身份。中国古代社会经历了一个官师一体、治教融合的历史阶段,直至"天子失官,学在四夷"打破了"以吏为师"的局面。"官"与"师"的分离,虽然致使"官"之职"居位置事"与"师"之责"明道立言"一分为二,但从未造成"治"与"教"融合为一的深厚传统的完全离散。④"治教融合"以潜在的方式,无形中建

---

① 郭培贵.朱元璋的兴学重教及其历史地位[J].河南师范大学学报(哲学社会科学版),1993(1):114–118.

② 刘晓东.明代的社师与基层社会[J].东北师大学报(哲学社会科学版),2004(5):102–108.

③ 娄立志,张济洲.乡村教师疏远乡村的历史社会学解释[J].当代教育科学,2009(21):7–9.

④ 阎步克.儒·师·教——中国早期知识分子与"政统""道统"关系的来源[J].战略与管理,1994(2):109–119.

构了乡村教师的社会角色，深刻影响其乡贤形象的表现。比如，明朝进士黄佐撰写的《泰泉乡礼》一书，不仅描绘出乡村教师"督视诸生吟诵""品评诸生所书""检视诸生容止""察教诸生行止""率诸生演习诸礼"等文化启蒙与道德养成的教育实像，而且明文规定"教读任一乡风化"的社会治理之重责，包括乡村教师讲明冠婚丧祭四礼以示乡约之众、评定与监督乡民品行、负责听讼官仓与上陈民情等公共事务管理。《泰泉乡礼》甚至规定地方官员要定期垂见乡村教师，以询问乡邦利弊、民生、政治之道，故而乡村教师成为基层社会上下沟通的一个渠道，发挥着乡村社会治理的重要作用。进一步说，作为乡贤成员和知识分子的乡村教师，心怀儒家传统思想"修齐治平"的人生目标，渴望仕途，在对儿童开展识字习礼的养正之"教"和科举启蒙的育成之"教"的同时，追求以管理者的身份参与到乡村政事之中，担负为民申言、调停纷争、建设乡约、修缮族谱、参与赈灾、保卫乡里等职责。由此来看，古代社会的乡村教师葆有士人服务桑梓和心怀苍生的积极入世情怀，沉浸于乡土文明和乡村社会的"深渊"，在治教合一的人生目标追求中，呈现了乡贤身份的古代镜像。

二、治教兼具的家国情怀：乡村教师乡贤身份的近代面貌

在时局动荡不安的近代社会，深陷民族危机和生活困境的乡村教师，积极倡导专业生活和坚守职业声望，努力启迪乡民智识和改造乡村社会，以治教兼具的家国情怀展现了乡村教师的乡贤身份。鸦片战争以后，中国进入近代社会，开始经历外有欺辱内存祸乱的民族危机时代，新式教育和师范教育应运而生，由乡村塾师转化和新式学堂培养的乡村教师阶层开始

兴起。清末民初的乡村教师，"多是当地颇有名望的乡贤与有识之士"[①]。在传道育人职责上，他们勇于面对教学窘困境地，坚守岗位，秉持安贫乐道的人格精神，身怀教育情趣。正如一位乡村教师的日常教育生活："简陋的乡村小学里，乡村教师只能开展复式教学……教了二年级算数，又要给三年级的学生听写字词。"[②]在民族危机语境下，他们抱有救亡图存的志向，革新乡民的陈旧思想，点燃民众革命的火种，成为开启乡民智识的"盗火者"。"据统计，70%～80%的中共早期乡村党组织是乡村教师创建的。在很多地方是乡村教师建立了当地第一个党组织，最早在农民中宣传了革命的思想，并在乡村开展了最早的革命活动。"[③]在乡村教育运动中，他们上山下乡，深入乡村田野之中，宣传推广农业改良技术，带动民众进行农业生产。乡村教师"指导农民耕种，有自治事业之责、农业森林指导之责"[④]，成为振兴农业的指导者和引路人。近代社会的乡村教师，虽然处于新知识与旧知识、新规范与旧习俗、新政策与旧传统的杂糅状态之中，生活和教学条件异常艰苦，但在主导乡村教育发展和教育乡村儿童的同时，仍然兼顾乡民理智教化与乡村农业生产之"治"，释放出涵养家国情怀的乡贤精神，刻画了乡贤身份的近代面貌。

---

① 张霞英，车丽娜.民国时期乡村教师的社会角色研究［J］.当代教育科学，2016（11）：61-64.

② 林春农.乡村教师的生活［J］.民众周刊，1934（36）：9-11.

③ 徐继存，高盼望.民国乡村教师的社会形象及其时代特征［J］.教师教育研究，2015（4）：80-85.

④ 章元善，许仕廉.民国丛书：乡村建设实验（第二集）［C］.上海：中华书局，1935：234-237.

三、治教分离的乡土悬浮：乡村教师乡贤身份的现代境遇

中华人民共和国成立七十多年以来，乡村教师从"乡村教育者与乡村建设者"双重角色发展成为"乡村教育者"单一角色，治与教从兼顾走向分离，现代社会中乡村教师的乡贤身份逐渐消亡。换句话说，新中国成立以来，在特殊历史背景的催化之下，乡村教师承担着参与乡村建设、守卫乡村文明以及服务乡村社会发展的重要任务，基本实现了乡贤身份的"在场"。然而随着现代化、城镇化的推进，乡村教师的乡贤身份"逐渐被忽视，代之以渐行渐远的职业人角色"[1]，最终导致乡贤身份走向失落，成为在乡村中的"异乡人"。

"20世纪90年代以前，作为村落中为数不多的文化人"，乡村教师在做好教书育人的基础上，"扮演了传统的乡绅乡贤角色，积极参与乡村公共事务，致力于乡村建设"。[2]尤其是新中国成立后的几十年间，乡村教师与乡村社会的联系是非常紧密的，其乡贤身份的功能和角色发挥得淋漓尽致。"乡村教师不仅是乡村教育的建设者，更是乡村扫盲运动的承担者、乡村文化的营造者、乡村生产生活的支持者、乡村生产的参与者，自身基本成为乡村一支重要的建设力量，得到了乡村干部和群众的认可。"[3]具体而言，新中国成立初期绝大多数乡村教师是在村庄中土生土长的"本

---

[1] 胡艳，等.泥土上的脚印：新中国第二代乡村教师口述史[M].南宁：广西教育出版社，2018：12.

[2] 姚岩，郑新蓉.走向文化自觉：新生代乡村教师的离农化困境及其应对[J].中小学管理，2019（2）：12-15.

[3] 胡艳，等.泥土上的脚印：新中国第二代乡村教师口述史[M].南宁：广西教育出版社，2018：17-18.

地人",甚至他们与乡民同宗同源,可谓彻彻底底的"同乡人""同族人"。此时的乡村教师大都谙熟乡村社会的习俗礼仪,通晓乡村民众的生活习惯,履行教书育人工作任务的同时,在村落日常事务和扫除文盲运动等方面发挥着重要作用。正如新中国第一代乡村教师所口述:"在教书的时候,我简直成了村里面的人。除了教书,我平时还帮着群众写信,逢年过节给他们写春联、剪窗花。农闲的时候,我则帮着村里组织扭秧歌、踩高跷。白天给学生上课,晚上教成人识字。"①进一步说,那时期的乡村公办教师比普通农民的经济收入高,也比普通农民掌握了更多的文化资源。"20世纪六七十年代那会儿,当老师工资不高,但在农村来说还是挺高的,比起农民还不错。"②不管是经济收入还是社会地位,乡村公办教师无疑优于普通农民,是所在村庄的文化精英,在履行乡贤职责时具有说话的底气和办事的能力,即服务乡村社会发展是一件颇具成就感、荣誉感、自豪感的事情。那时期的乡村民办教师"亦耕亦教",本身就是半个农民,在乡村中十亲九故,经常活跃于乡村日常生活和乡村公共活动之中,于耕种与教化之间,自然地塑造了乡村教师的乡贤身份。可见,新中国成立后的很长时间内,乡村教师与乡村民众的命运融为一体,他们用自己的知识和技能建设乡村,在贡献自己智慧的过程中,真正彰显了乡村教师乡贤身份的在场。一言以蔽之,在此历史阶段,治与教并未分离,乡村教师的乡贤身份依然"在场"。

---

① 郑新蓉,等.开拓者的足迹:新中国第一代乡村教师口述史[M].南宁:广西教育出版社,2018:80-81.

② 胡艳,等.泥土上的脚印:新中国第二代乡村教师口述史[M].南宁:广西教育出版社,2018:41.

第二章 成为时代乡贤：乡村教师乡贤身份的角色重塑

但20世纪90年代以后，随着现代化、城镇化的加速推进，乡村教师唯专业至上，教师身份的职业化、体制化使其疏远于乡村社会和乡民生活，继而拉开了乡贤身份"离场"的序幕。也就是说，从20世纪90年代开始，乡村教师与乡村社会之间的关系逐渐疏离，其乡贤身份开始出现"离场"。一方面，90年代后期以来，乡村教师队伍的性别结构发生了明显变化，即乡村女教师在乡村教师总人数的比例逐年上升，这直接致使一个家庭的夫妻双方全是从事乡村教师职业的现象大量出现。"这样的家庭已经有资本彻底脱离土地，不再是土地与讲台两栖的农村教师。"[1]在此情境下，尽管许多乡村教师仍然兢兢业业地教在乡中，但是"向城性"的潜在意识不断上涌，于是身心在村庄中几乎缺场。另一方面，1994年全国教育工作会议提出了"争取到本世纪末基本解决民办教师问题"的目标和"关、招、转、辞、退"的方针。随着乡村学校"民转公""取缔代课教师"等教育政策的调整和改革，许多乡村教师摆脱了半农身份，拥有了国家正式编制。吊诡的是，转变成为国家编制身份的乡村教师，慢慢脱离了与土地为伴的生活，开始从乡村民众的普通人群中"独立"出来，发展为乡民眼中所羡慕的"吃商品粮"的人。"国家编制身份和言谈举止的优越感，让他们和社区中具有农业户口的民众逐渐划分开来。"[2]这使得乡村教师开始从"乡野"走向"庙堂"，逐渐从乡土社会和乡土文化中游离出来，"乡土性"色彩渐趋淡薄，与村民生活的隔膜愈来愈深。"在村落公共事务的活动中，乡村教师蜕变为边缘人。"[3]同一时期，乡村学校应试教育的盛行，进一

---

[1] 程猛.建国以来农村教师的身份认同变迁［J］.当代教育科学，2017（12）：22-25.
[2] 张济洲.农村教师的文化困境及公共性重建［J］.教育科学，2013（1）：51-54.
[3] 张济洲.农村教师的文化困境及公共性重建［J］.教育科学，2013（1）：51-54.

步加剧了乡村教师乡贤身份的离场,乡村教师成为乡村边缘人的趋势愈加明显。受应试教育之制约,乡村教师越来越看重学生的学习成绩,单纯应付考试而教书育人,"纯粹地关注教学"①,彻底沦为一个教书匠,而不再具有各种各样的社会角色。而且,在应试教育的评价机制下,乡村教师围绕考评量化进行作业,被迫追逐考试技巧,谋求升学率带来的工资绩效,金钱和利益的诱惑导致自身社会责任和价值意义的淡化,逐渐失去与乡村社会的互动联系。乡村教师本在乡村的土壤上从事教育实践活动,但在乡村中疏离于乡村社会之外,专注于专业身份而抛弃公共身份,最终遗失了乡贤身份的公共性和责任性。

21世纪以来的乡村教师,不再是根植于乡村社会的"熟人",而是远离于乡村生活的"他者",丢失了乡贤身份赖以存在的乡土文明养料和乡村精神家园。伴随乡村教师招聘机制的变化和代际更迭的加速,1980年之后出生的青年大学生群体开始进入乡村教师职业,被冠以"新生代乡村教师"②之名,并且逐渐发展成为乡村教育的主力军。但是,年轻的乡村教师"多数不参与村里面的事情"③,与乡村社会之间的关系彻底发生断裂,乡贤精神基本在新生代乡村教师身上"旁落"。他们大都是师范大学本专科毕业生,接受过城市文明的价值熏陶,怀着难以割舍的城市情结,带着向往城市生活的美好梦想,从繁华的都市前往地处偏远、经济落后、教育保守

---

① 叶菊艳.教师身份建构的历史社会学考察[M].北京:北京师范大学出版社,2017:173.

② 郑新蓉.中国新生代乡村教师调查[N].中国教师报,2015-09-09(03).

③ 胡艳等.泥土上的脚印:新中国第二代乡村教师口述史[M].南宁:广西教育出版社,2018:249.

第二章 成为时代乡贤：乡村教师乡贤身份的角色重塑

的乡村学校任教，因而打心底不愿意接近乡村生活，不大喜欢与乡村民众发生非工作性质的交往。新时代乡村教师成长于改革开放所带来的市场化经济和现代化社会时期，向往和倾慕城市生活，追求享受城市文明，他们依靠父母积攒的些许钱财，一般具备经济实力在城镇地区买房安家。"对他们来说，在城市买房是成为城里人的重要标志，考取'公务员'或流动到城市学校则成了他们向上流动的主要选择。"[1]特别是当前乡村学校之中，出现了一批所谓的"走教教师"。他们早上从县城驱车到学校给学生们上课，完成规定的教学任务，下午放学后再驱车返回到县城里居住，一幅"来匆匆去匆匆，摩托来往城乡中"的生活场景。白天在乡，晚上住城，可以理解为乡村走教教师的工作艰辛和生活忙碌，但同时也要看到，他们没有多余时间了解乡村生活和接触乡村民众，几乎中断了与乡村社会的各方面联系，更不用提积极主动地投身于乡村社会经济发展了。

在新时代，"历史上乡村教师作为'乡贤'，广泛参与乡间事务并受到普遍的尊重，当下的乡村教师与乡村之间失去了曾经的不可分性，国家身份的赋予最终切断了乡村教师与乡村这一熟人社区的纽带"。[2]乡村教师从乡土文化中游离出来以后，成为"在乡村教书的城里人"，悬浮于乡土之上，直接宣判了治与教的彻底分离，进而乡村教师的乡贤身份走向失落。"不论是来自不同省市的乡村教师、还是生长于本乡的乡村教师，大都定居于县城或市区，他们已不居住在乡村，难以再寄希望于乡村教师重

---

[1] 程猛.建国以来农村教师的身份认同变迁[J].当代教育科学，2017（12）：22-25.
[2] 陈玉义，万明钢.公共视域下乡村教师荣誉制度的实践困境与对策[J].中国教育学刊，2019（4）：28-33.

新回到乡土生活，回归到传统'乡贤''先生'的身份与职责。"[1] 在治教分离的废墟上，乡村教师退化为悬浮于乡土空间的教育者单一角色，凸显着乡贤身份的现代境遇。乡村教师乡贤身份的彻底失落，使其跌进且深陷专业主义的泥潭，单纯追求教学技艺，唯专业至上，退化成为乡村生活和乡村社会的"异乡人"。乡村教师乡贤精神失落的后果是严重的。丧失了"公共责任"使得乡村教师对乡村生活置若罔闻，对乡村建设不管不问，对乡村文化冷漠以对，成为乡村社会发展的"旁观者"和"局外人"，无力创造自身知识与技能的社会价值，同时带来个体的孤独感、边缘感和软弱无力感。

第二节 乡村教师乡贤身份的衰落根源

乡村教师乡贤身份之形成过程，既是建构性和结构性的，又是先赋性和经验性的。身份研究中的建构主义认为，人的身份是一个不断被建构的过程。但个体身份认同的建构同时受到"历史性"（historicality）、"空间性"（spatiality）和"社会性"（sociality）三者的共同作用。[2] 以此意义，乡村教师乡贤身份的失落，有源自于"历史性""空间性""社会性"三方的解构作用。在"历史性"上，乡村教师乡贤身份失落于国家法定建构的历史进程，以乡村特殊阶层的标签从乡村社会和乡村生活中退出；在"空

---

[1] 赵鑫，谢小蓉. 从"在乡村从教"到"为乡村而教"：我国乡村教师身份认同研究的进展及走向[J]. 当代教育与文化，2020（1）：83-89.

[2] Bathmaker A M, Harnett P. Exploring Learning, Identity and Power through Life History and Narrative Research [M]. London & New York：Routledge, 2010：159-170.

第二章 成为时代乡贤：乡村教师乡贤身份的角色重塑

间性"上，乡村教师乡贤身份失落于学校教师专业发展情境的空间性限制，自我成长的过度专业化和职业化带来了公共性滑落；在"社会性"上，乡村教师乡贤身份失落于技术官僚群体的社会性规约，标准化与技术化的实践操作造成了乡村教师与乡村社会互动关系的断裂。然而，建构性的乡村教师公共身份在乡村公共事业中的离场，同时遭受着乡村教师职前培养与职后教学过程中"离土离乡"之先赋性乡贤身份的缺席。这最终导致乡村教师丧失了乡贤身份。

一、特殊阶层：国家法定建构的"历史性"成效

从身份建构的历史性来看，乡村教师与乡村社会之间的互动出现脱离，很大程度上发生于国家政权不断延伸乡村社会的历史进程中，乡村教师逐渐被纳入政府统一规划，接受国家体制内的管理，成为一个受国家法定建构的特殊社会阶层，但是，乡村教师群体与政府管理体系走向黏合的同时，乡村教师与乡村社会"分道扬镳"，背道而驰。"新中国成立以来，政府加强了对乡村教育的控制与管理，作为一种职业，乡村教师首先被政府从乡土社会空间中隔离开来。"[1] 在国家法定建构之下，近乎每一个乡村教师的任命考核、调动解雇、工资报酬和福利待遇，全部由国家教育行政管理机关负责执行或实施决策，教师遂变成一个存在于乡村社会空间、依赖于政府管理体系的特殊职业。国家权力赋予乡村教师一种特殊"职业人"身份，于是乡村教师凭借"职业人"的特有身份越来越依赖于政府管理体系。在此情况下，由于乡村社区难以对乡村教师进行管理，乡村基层与乡村教师的互动交流被无情切断，从而导致乡村社会与乡村教师"缺乏过去

---

[1] 张济洲. 农村教师的文化困境及公共性重建[J]. 教育科学，2013（1）：51–54.

那种广泛的联系与互动",乡村教师失去了"乡民眼中的确定社会角色"。[①]从乡村教师自身来看,由于他们没有正当的法定义务接受乡村社区管理,直接导致其丧失关心乡村经济、政治、文化的热情,疏离于乡村社会之外,继而不再把服务乡村社会建设和参与乡民日常生活当作自己应有的社会责任和公共使命,最终从乡村社会的事务活动中脱离。"乡村教师被纳入国家的管理体系,与地方社区逐渐疏离开来,逐渐从地方社区的事务活动中退了出来。"[②]不难发现,在政府政权向乡村社会逐层渗透的发展趋势下,作为国家行政管理体系之中的特殊"职业人",乡村教师的乡贤身份日趋滑落。

二、知识仆人:专业主义引领的"空间性"结果

从身份建构的空间性情境来看,乡村教师作为乡村知识分子身份的衰落,是学校场域在遵循"科学逻辑"的专业化发展环境中,过于追求自身发展的专业化和职业化,变成了专业主义引领下的知识仆人。乡村教师专业发展不同于城市教师专业发展,其特殊性寓于"乡村"之中。现代社会文明引领下的乡村教师专业发展,重视的是普遍意义上的教师专业化,而非奠基于"乡村文明""乡村社会""乡村空间"之上的教师专业化,甚至"远离乡土文化的根基",进而忽视了乡村教师专业发展的特殊性,最终乡村教师"乡村知识分子的身份日渐式微"。[③]美国法学家波斯纳也认为,

---

[①] 容中逵.传统与现代的交锋:百年中国乡村教育变迁的实践表达[M].杭州:浙江大学出版社,2010:203.

[②] 张济洲.农村教师的文化困境及公共性重建[J].教育科学,2013(1):51-54.

[③] 唐松林.理想的寂灭与复燃:重新发现乡村教师[J].中国教育学刊,2012(7):28-31.

第二章　成为时代乡贤：乡村教师乡贤身份的角色重塑

公共知识分子日渐萎缩的因素众多，但始作俑者为"知识的专业化和职业化"[①]。在专业主义引领的时代背景和工作情境下，学校空间中乡村教师的角色认知和责任意识，局限于专业身份的视域之内，两耳只闻"专业"事，一心只读"专业"书，着重关心的是现代社会标准化教师的知识与行为。结果，作为专业性与公共性共于一身的乡村教师，其"专业性"之凸显，势必造成"公共性"之滑落，专业身份僭越公共身份，并且单一的专业性支配了乡村教师的整体性发展，乡村教师逐渐倦怠于参与乡村生活，其乡贤身份名存实亡。加之教育现代化的理性逻辑和科层管理，乡村教师把专业岗位当成谋生的饭碗，把"专业性发展"完全等同于"专业发展"，遗失了乡贤身份的角色和功能，沦为纯粹意义上的"职业人"。"现代化的狂澜使乡村教师的责任、权利、义务、意识与行动被局限在与专业性有关的事件上。"[②]因此，伴随乡村社会城市化的浪潮，彻底沦为单一"职业人"角色的乡村教师，在盲目追赶城市教师专业化发展模式的路途中，放弃了作为乡村知识分子的责任担当和使命作为，失身于专业主义引领的职业化轨道上，把改造乡村社会的公共使命放逐，最后陷入乡贤身份失落的循环陷阱里。与其说，乡村教师乡贤身份的失落带来了专业性发展的空间，毋宁说，偏重专业身份的乡村教师加剧了乡贤身份的萎缩。

[①] ［美］波斯纳.公共知识分子：衰落之研究［M］.徐昕，译.北京：中国政法大学出版社，2002：492.

[②] 唐松林，丁璐.论乡村教师作为乡村知识分子身份的式微［J］.湖南师范大学教育科学学报，2013（1）：52-56.

三、教学工人：技术官僚规训的"社会性"产物

从身份建构的社会性规约来看，乡村教师面对国家法定建构和专业主义引领的内外裹挟，在实践技术操作上，一方面愿意接受外在的指示和规训，受制于教育行政命令的标准要求，另一方面因不是知识与技术方面的专家而成为教育专家指导下的合理对象，受制于教育专家的话语霸权和技术组织。这实际上进一步加速了乡村教师乡贤身份的消亡。现代学校作为一种制度化教育模式，教师教育教学行为的管理是理性设计和制度导向的产物，乡村教师受现代制度化教育之影响，应当且需要听命于教育行政机关的行为指向和动作要求。"教育现场中的中小学教师，做的是现代教育制度定义的一套技术化的标准动作。"[①]关键的问题在于，乡村教师一旦落入专业化和行政化的教育技术组织深渊之中，专业发展就会越来越依赖统一化的教师教育知识界，成为技术官僚设计下的"教学工人"，即彻彻底底的"职业人"。发展成为"教学工人"后的乡村教师，其教育教学劳动行为"与产业技术工人没有什么区别……教学情境工厂化，从教学时间的安排到科目的传授，生产细目化、切割化将复杂的有创造性的心智劳动分解为简单性的动作，教师工作日渐机械化、重复化、简单化"[②]。在此基础之上，乡村教师严格按照规定的技术程序进行作业，如同工厂生产流水线上的普通工人一样，一心只按标准化动作操作，无暇顾及技术性行为以外的事情，难以产生甚至不能产生"有创造性的思考与行为"，更不用

---

① 张儒辉.独立人格丧失：教师哲学智慧之艰难[J].湖南师范大学教育科学学报，2008（5）：8-10.

② 刘云杉.从启蒙者到专业人：中国现代化历程中教师角色演变[M].北京：北京师范大学出版社，2006：195-196.

第二章　成为时代乡贤：乡村教师乡贤身份的角色重塑

说关心乡村经济社会建设了，进而"形成了乡村教师与乡村社会的断裂"。[①] 更为严重的是，在技术官僚设计的教师发展模式中，标准化和技术性使得乡村教师的思想观念与行为习惯受到严重贬抑，亦步亦趋于技术官僚设计的标准动作，自身的反思性、生活性、实践性枯萎致死。"过分的人为性官僚技术模式，使乡村教师失去与自身环境的互动关系。"换句话说，技术官僚体系的过度人为性行为使乡村教师失去了自我反思、自我选择和自我行动的动力和能力，而缺失独立意识的乡村教师已经是一个可复制的"他人"，完全不再具有乡贤身份的角色和功能。

四、唯教至上：离土离乡趋向的"向城性"结局

从身份形成的先赋性和经验性来看，乡村教师不仅在乡土知识缺乏的职前培养模式中承受城市中心化价值取向的教师教育，而且在乡村生活脱离的职后教学实践中遭遇乡村教育去乡村化的学校变革，最终在离土离乡的趋势下发展成为唯教至上的职业人，从乡村社会中抽离和退缩，逐渐丧失了乡贤身份。一方面，受中国现代化进程之制约，高校教师教育职前培养的课程内容缺乏乡土文化知识体系，日益表现出一种城市中心化趋向。一项调查表明："大多数乡村教师认为，地方高师教育课程体系缺乏对乡村学校教育和乡村文化内容的关注，缺乏乡村特色。"[②] 可想而知，由"向城性"知识体系构成的教师教育课程所培养出来的乡村教师，尽管具有深

[①] 张儒辉. 外在规约：乡村教师公共性旁落的根源[J]. 大学教育科学，2008（5）：64-66.

[②] 苏春景，张济洲. 从农村教师教育现状调查看地方高师课程改革[J]. 课程·教材·教法，2010（8）：84-87.

厚的专业知识和扎实的专业能力，但在城市中心化教育价值取向的催化作用下，同时带有强烈的离土离乡意向。从这个意义来说，他们是合格的或优秀的"职业人"——专职教师，专业性较强，但不是真正意义上的"乡村教师"，缺乏对乡村社会的关注和了解，公共性匮乏。另一方面，自20世纪末开始实施乡村中小学校布局调整以后，乡村中小学数量急剧减少。全国教育统计数据表明：乡村中小学由2000年的48.22万所减少为2018年的10.54万所。"一村一校"的传统格局完全被打破，与此同时，乡村学校的乡镇集中现象凸显，离土离乡趋向愈演愈烈，结果造成乡村学校和乡村教育的去乡村化。乡村学校虽在乡村中，但与乡村社会渐行渐远。正如有的研究者所言："它居于乡村、为乡村而设，却又不属于乡村。"[1]乡村学校发展的日益城镇化直接导致乡村教师逐渐远离乡村社会，滋生乡村生活的陌生感和乡村文化的冷漠感，更遑论参与乡村经济社会建设了。倘若说城市化的教师教育模式导致乡村教师乡土文化素养先天不足，城镇化的乡村学校变革导致乡村教师乡土情怀后天贫乏，那么，这在一定意义上造成"乡村教师失去了与乡村社会文化的内在关联，乡村教师的生活也逐渐从乡村社区的大交流圈转向仅限于学校教学及城市业余生活的小天地"[2]。乡村教师缺乏乡村生活、乡村文化、乡村社会的认知、记忆、理解和经验，唯教至上，如同身份认同之根基坍塌，乡贤身份淹没在专业身份发展的泥潭里。

---

[1] 李书磊.村落中的"国家"：文化变迁中的乡村学校[M].杭州：浙江人民出版社，2009：5-12.

[2] 汪明帅，郑秋香.从"边缘人"走向"传承者"——回归乡土的乡村教师发展研究[J].教育发展研究，2016（8）：13-19.

第三节 乡村教师乡贤身份的重构价值

从古至今,乡村教师经历了乡土的沉浸与悬浮,从治教一体的崇高乡贤形象逐渐走向治教分离的乡贤精神衰落境地。在新时代,面对乡贤身份衰落的现代境遇,可以选择彻底地放手,也可以选择努力地坚守。乡村教师作为乡村空间中重要的知识分子,是专业性和公共性的统一体,"专业性"体现了乡村教师作为知识分子的专业身份属性,如在乡村积极履践教育使命,"公共性"表达了乡村教师作为知识分子在专业领域之外的公共角色和社会责任,如对乡村政治、经济、文化的关注。因此,乡贤身份可谓是乡村教师公共性的一种主要表现,乡贤身份重构能够提振乡村教师的公共性和专业性,强化乡村教师之于乡村社会的责任和使命,完整展现乡村教师的职业生命和专业成长,实现乡村教师在乡村社会中的崛起。在新时代里,面对乡村教师乡贤身份衰落的现代境遇,重新建构乡村教师的乡贤身份意义非凡,对推动乡村社会和乡村教育的发展具有重要价值。对于前者,乡村教师乡贤身份重构能"在优化基层治理模式、推动'三农'发展、培育文明乡风等方面彰显出新的时代价值"[1]。对于后者,乡村教师乡贤身份重构内含"促进乡村儿童精神健康成长、提高乡村儿童精神生活质量"[2]的价值。职是之故,通过扬弃传统意义上乡村教师乡贤身份的行为与精神,重新建构契合新时代的乡村教师乡贤身份,具有培育文明乡风、推动三农

---

[1] 周耀杭,刘义强.新农村建设中的新乡贤:价值与限度[J].广西大学学报(哲学社会科学版),2018(6):32-39.

[2] 王彩霞.乡村儿童精神生活危机与乡村教师责任担当[J].教育导刊,2019(1):35-39.

发展、优化基层治理、改造儿童精神等重要价值。

一、引领乡村教化，塑造文明乡风

乡贤是乡土文明的重要守卫者和塑造者，"有助于形成良好的乡风"[1]。具有乡贤身份的传统乡村教师，承担着知识分子的宏大志愿和担当精神，是被称为"社会良心"和"社会眼睛"的人，往往以撰文立约和行为教化等方式推广礼教，化民成俗，在乡村社会的风俗面貌塑造方面起着重要的作用。"清代乡村塾师余治，以训蒙为活，又尝以乡约劝善。见梨园每习为诲淫诲盗，伤风败俗，不忍名言。遂作劝善新戏数十回，一洗诲淫诲盗诸习，虽非阳春白雪，扮演者乡里人所乐观。"[2] 乡村教师身处乡村社会和乡民生活之中，扮演着乡贤精神的价值引导角色，对乡村不良风气进行批判与教化，塑造健康文明的乡风，可谓是乡村文化的"立法者"和"裁决者"。在新时代，重构乡村教师的乡贤身份，促使乡村教师发展成为新时代乡贤，同样可以达成"立德""立功""立言"，因势利导，劝民从善，实现乡村社会道德风尚的文化引领价值。"现有的乡村文化基本上是利益导向、金钱至上的文化，将一切乡村事务建立在利益之上，基本丧失了传统文化的道德价值观，也没有吸收现代优秀文化，更没有树立社会主义核心价值观，最终使乡村成为名副其实的文化荒漠。"[3] 面对乡村文化庸俗化、功利化、低级化的残酷现实，新时代乡村教师乡贤身份重构，一方面能够

---

[1] 徐勇.两种依赖关系视角下中国的"以文治理"[J].学习与探索，2017（11）：59-63，192.

[2] 蒋威.清代江南乡村塾师与地方社会[M].北京：中国社会科学出版社，2019：173.

[3] 李金哲.困境与路径：以新乡贤推进当代乡村治理[J].求实，2017（6）：87-96.

第二章　成为时代乡贤：乡村教师乡贤身份的角色重塑

促使乡村教师以"道德人"的标签做出表率，示范乡里，弘扬传统美德，传承乡村文化，发挥良好的榜样作用和教化效果；另一方面促使乡村教师以"文化人"的身份办宣传栏，撰写标语，解释国家政策，宣讲主流思想，组织文化活动，打破乡村社会优秀文化失语局面，进而做文明乡风的制造者、引领者、守护者，发挥出塑造文明乡风的时代价值。

二、强化乡村生产，推动乡民致富

"乡贤文化既是基层民众的潜在规范，为基层社会道德约束提供了有力武器，也是基层民众的无形指引，是带领乡民致富的典型借鉴。"① 古代社会中的乡村塾师，作为乡贤群体的重要构成人员，时常参与治灾赈济、修路造桥、开河筑堤、兴修水利等公共工程建设，为乡村社会经济发展和乡民生产脱贫贡献了重要力量，因而经由乡贤带领乡民致富是乡村经济建设的一条途径。马克思认为，物质资料生产是一切历史活动的基本条件。在此意义上，促进乡村经济发展成为现代乡贤功能发挥与价值释放的基本前提。在乡村发展过程中，"维护与增进地方经济发展是乡贤生产和拥有权威的基础"②，即满足村民现实经济利益，具有经济发展能力，是新时代乡贤有效融入乡村社会的必要条件。不谋而合的是，虽然新时代乡村教师悬浮于乡土之上，但毕竟"身"在乡村之中，具有长期接触乡村社会和熟知乡民生活的天然优势，潜在拥有推动乡民致富的综合知识和创新能力。他们"能够依靠自身的知识优势和敏锐的洞察力发现机会，在提升农村劳

---

① 刘淑兰.乡村治理中乡贤文化的时代价值及其实现路径[J].理论月刊，2016（2）：78-83.

② 应小丽.乡村振兴中新乡贤的培育及其整合效应[J].探索，2019（2）：118-125.

动力素质、产品开发与深加工、种植与养殖技术、市场等方面提供智力支持",同时可以"帮助农民拓展收入渠道、合理筹划和使用资金、树立正确的消费观"①。可见,新时代乡村教师乡贤身份重构,能够带动乡村教师以乡贤的眼界和思维成为农村经济知识的普及者和推广员,提升乡民生产发展需求的满足度,解决乡民脱贫过程中遇到的一些实际问题,体现推动乡民致富的时代价值。

三、加强以德治村,优化乡村治理

《乡土中国》有言,中国传统乡土社会治理方式是"人治","人治"不是依赖个人好恶来治理,而是一种贤人主导的礼治秩序,"德"是礼的伦理基础,维持礼治秩序的主要手段是道德教化。"明朝永乐时乡村塾师杨范,教授里中,留意于世道风范,排巫道正民习,郡守郑珞、邑令张铎咸宾致之以访政事。正统时祁门塾师谢复,尝受邑令郑公问政,为郡守彭幸庵征修郡志。"②乡村教师凭借在乡村社会形成的乡贤形象和卓越品行,对乡村事务和基层政事进行德治与善治,维持乡序稳定、承担社会责任,继而成为乡村秩序的维系者和乡村管理的参与者。现代社会的乡村治理不再是"人治",而是"法治",但"法治"根本上是"人依法而治",依然由"人"来治,需贤人参与治理。"乡贤回归是乡村治理的时代需求。乡贤是推进乡村治理现代化的主要力量。"③在新时代里,促进乡村教师乡贤身份的回归,激发乡村教师参与乡村治理的热情,构筑一个多元主体

---

① 李长吉.农村教师:改造乡村生活的灵魂[J].教师教育研究,2011(1):29-32.
② 刘晓东.明代的塾师与基层社会[M].北京:商务印书馆,2010:234.
③ 陈秋强.乡贤:乡村治理现代化的重要力量[J].社会治理,2016(2):115-119.

第二章　成为时代乡贤：乡村教师乡贤身份的角色重塑

共同治理乡村社会的网络体系，不失为促进乡村治理现代化的一种理性选择。个别地方探索经验表明："乡贤在基层乡村德治环节中具有关键衔接功能，能够有效打通乡村网格化管理的'下情上达'渠道。通过把乡村医生、乡村教师等乡贤群体构建的治理网络有效嵌入乡村社会，积极推动了乡村社会网格化治理转型。"① 因此，新时代乡村教师乡贤身份重构，能够促使乡村教师以乡贤的身份参与基层乡村社会的软治理，回应新时代乡贤以德治村的发展需求，继而加快乡村治理现代化进程，体现优化乡村治理结构的时代价值。

四、拯救乡童心灵，改造精神生活

"教育不过是人对人的主体间灵肉交流活动，导向人的灵魂觉醒之本源和根基。教育活动关注的是，人的内部灵性与可能性如何充分生成，质言之，教育是人的灵魂的教育。"② 作为教育者的乡村教师，自古就对乡村儿童承担着"启学识兴趣之蒙"和"养德性言行之正"的教育职责，不但启迪儿童的认知和理智，使其知识增进，而且涵养儿童的德行和灵魂，促其精神成长。"当前，乡村儿童的精神生活呈现出明显的贫乏、狭隘、无趣等危机。乡村教师作为乡村儿童精神成长中的'重要他人'，应积极发扬新乡贤精神，勇于担当作为知识分子的公共责任和作为专业教师的教育责任。"③ 面对乡村儿童精神生活的危机态势，乡村教师发挥乡贤身份

---

① 张兴宇，季中扬.礼俗互动：农村网格化管理与新乡贤"德治"协同逻辑[J].南京农业大学学报（社会科学版），2020（1）：79-89.

② [德]雅斯贝尔斯.什么是教育[M].邹进，译.北京：生活·读书·新知三联书店，1991：3-4.

③ 王彩霞.乡村儿童精神生活危机与乡村教师责任担当[J].教育导刊，2019（1）：35-39.

的教化魅力和道德威信，拯救乡村儿童的精神和灵魂，显得责无旁贷。"乡村教师要以乡贤精神对自己的精神世界进行自觉建构，从而成为学生真正能够接触到的乡贤。"① 在促进乡村儿童精神成长中，乡村教师立足于乡土生活和乡村文化，用崇德向善的乡贤精神建构自我，以"贤"催化乡村儿童"见贤思齐"，深刻体会"成为贤人"的价值目标和道德追求，进而实现其改恶从善、精神成长和内在超越。职是之故，新时代乡村教师乡贤身份重构，让乡村教师以乡贤的身份"在场"于学校公共生活中，"在场"于乡村儿童日常生活中，凭借乡贤精神的感召和激励，促进乡村儿童精神生活质量与境界的提升，体现拯救乡童心灵而改造其精神生活健康成长的时代价值。

第四节 乡村教师乡贤身份的时代扣问

具有专业性与公共性双重身份的乡村教师，不能偏废其一。"专业化对于教师发展来说的确是必需的"，但教师发展"必须同时坚守公共性，即乡村教师与自己所处的社会经济环境具有共享、联系与互惠的性质"②。职是之故，突破乡村教师乡贤身份失落的现实困境迫在眉睫。新时代乡村教师乡贤身份的返场，可以"新乡贤"的姿态登台。"新乡贤"是相对中国传统乡村社会意义上的"乡贤"而言的，是现代社会境遇下的产物。与

---

① 李义胜,孙群.乡贤文化与乡村学校社会主义核心价值观教育[J].安庆师范大学学报（社会科学版）,2018（2）:112-115.

② 黄大金.背景勾连：乡村教师公共性回复的方法取向[J].大学教育科学,2008（5）:70-72.

第二章 成为时代乡贤：乡村教师乡贤身份的角色重塑

传统社会中的"乡贤"相比，新乡贤是"以乡情、乡愁、乡怀为纽带，直接或间接地参与乡村基层治理，包括优秀党政干部、专家学者、道德模范、基层'身边好人'等榜样、典型或先进模范人物"[①]。新时代乡村教师作为新乡贤，在当代乡村社会和乡村治理中发挥着积极的行为示范作用和价值引领功能，能够突围乡贤身份失落的现实困境。

一、新时代乡村教师乡贤身份的重构可能

新时代乡村教师乡贤身份的重构，能够直接撕掉其乡村社会特殊阶层的身份标签。乡村教师作为新乡贤产生的爱乡情感、报乡行为、强乡之志，有力地冲破过度专业化和职业化所带来的公共性萎缩僵局，改变技术官僚规训所造成的工人式教学情境。乡村教师走向新乡贤的发展事实，势必治愈因乡村知识体系缺乏而造成乡村教师职前培养的"乡土性失忆症"，扭转因乡村学校城镇化而带来乡村教师乡村生活陌生化与唯教至上的局面，乡村教师重新建立与乡村社会的亲密互动关系，进而正好找回自身乡贤身份的角色和功能。但从实然层面，新时代乡村教师乡贤身份的重构具有可能性吗？答案是肯定的。

（一）教在乡中：乡村教师走向新乡贤的地域属性

新乡贤姓"乡"。"乡"是"乡村""乡里""乡土"。"乡"是地域的表现，体现了新乡贤的地域属性，地域性遂成为新乡贤潜在主体的基本构成要素。新乡贤的地域属性，一般表现为四个层次：一是出生于此、成长于此、生活于此、工作于此；二是出生于此、成长于此，但生活于彼、

---

① 宋西雷. "新乡贤"治村的实践路径研究[J]. 领导科学, 2019 (2): 8-10.

乡贤文化视域下公费定向师范生教育研究

工作于彼；三是出生于彼、成长于彼、生活于彼、工作于彼，但籍贯祖籍在此；四是出生于彼、成长于彼，但生活于此、工作于此。① 新时代乡村教师能否视为新乡贤潜在主体的基本条件当中，地域属性必定位居其列。

乡村教师在乡村学校里承担的是教书育人的工作，不管乡村教师是否出生、成长于学校本地，籍贯或祖籍在何方，长年生活、工作于乡村学校本地是不容置疑的事实，甚至在长期的乡村社区生活和乡村教育工作的"浸染"下，乡村教师极有可能安家或定居于乡村学校本地。正如一名青年乡村教师所言："这几年乡村地区经济各方面也都发展起来了，还是能留住人的，97%以上的人都选择留下来，并定居下来……我是从云南过来的，算是异乡人，但这对我的工作并没有影响……现在我打算在这边安家了，一直都和这边的教师、老百姓相处得很融洽。"② 不难发现，作为乡村学校里的教育工作者，新时代乡村教师同样是"在"乡的，既"存在"于充满乡土气息的乡村学校之中，又"存在"于滋养乡土文明的乡村社会之中，可谓真正意义上的"教在乡村"的知识分子。更进一步说，长年任教于乡村学校的乡村教师，自伟大教育家陶行知开始就被期许为"改造乡村生活的灵魂"，可谓是乡村社会中的文化精英。毋庸置疑，新时代乡村教师"在乡村中"，具备作为新乡贤的地域属性，是走向新乡贤的潜在主体。因此，把新时代乡村教师纳入新乡贤主体范畴，赋予乡村教师新乡贤身份，促使其参与乡村治理、维持乡村秩序、改造乡村生活、教化乡村百姓，增进乡

---

① 章越松.乡村治理视域下乡贤的含义、样态与定位［J］.绍兴文理学院学报（哲学社会科学），2017（4）：1-7.

② 杜亮，等.回归与希望：乡村青年教师口述史［M］.南宁：广西教育出版社，2018：192-193.

村教师的乡贤身份回归,具有一定的可能性和可行性。

(二)身怀贤能:乡村教师走向新乡贤的道德属性

新乡贤必"贤"。"贤"是"贤达""贤哲""贤良"。"贤"主要在于道德层面的表现,表征了新乡贤的道德属性。新乡贤不仅是现代社会各个领域的精英人物和优秀代表,而且必须怀有一种爱乡爱国情怀,具有热心服务乡村、改造乡村、贡献乡村的意愿、知识和能力。[①]个体成为新乡贤,需要德行高尚,能力突出,有口碑,有威望,怀有乡土情怀,具有奉献精神。[②]可见,道德操守、知识文化、乡土情怀是新乡贤的基本道德性要素。因此,新时代乡村教师作为新乡贤不仅仅是"在"乡的,是乡的贤,还要考察其是否身怀贤能,贤于乡,即乡村教师走向新乡贤的道德属性。

从道德操守来看,纵使现代性境遇下教师群体"去道德化""道德低下"的声音不断出现,个别教师违法乱纪事件时有报道,但身为"人类灵魂的工程师"的乡村教师,在"师德为先"的制度规约之下,以教书育人为己任,遵循着职业要求和道德规范,大都具有良好的道德品质和行为表现。从知识文化来看,乡村教师教育涵养丰厚,有知识、有文化、有才能。相关研究显示:67.7%的乡村小规模学校教师具备大专或本科的最高学历;36.3%的乡村小规模学校教师具备大专或本科的第一学历。[③]乡村教师在乡村社会中充当"知识分子""文化人"的角色,仍是一个不争的事实。目前,

---

[①] 吴莉娅.新乡贤在乡村振兴中的作用机制研究[J].中国特色社会主义研究,2018(6):86-90.

[②] 钱念孙.新农村呼唤新乡贤——代表委员畅谈新乡贤文化[N].光明日报,2016-03-13(01).

[③] 殷丽.农村小规模学校教师生存状态调查研究[D].东北师范大学,2017:19.

随着全国各个省份公费定向培养乡村教师教育政策的普遍实施，一大批高学历高素质的师范毕业生前往乡村任教，将会持续提升乡村教师群体的知识文化水平。从乡土情怀来看，乡村教师的工作场域和工作内容，决定了乡村教师带有浓厚的乡土气味，继而在内心之中产生爱乡恋乡的心理倾向和情感体验。"乡村教师有强烈的乡土性质。这使其具有深厚的乡土情怀。"[1]乡村教师身上天生内含新乡贤道德性要素的共同特质，为新时代乡村教师乡贤身份重构奠定了内在根基。

（三）外有支持：乡村教师走向新乡贤的政策空间

新乡贤是"新"的"乡贤"。"新"表达了当今社会的新乡贤面临着新的时代情境和新的责任义务，它是新乡贤的关键要义。在文化自信的语境下，"当今的新乡贤肩负着传承中华优秀传统文化、使社会主义核心价值观在乡村生根发芽、促进美丽乡村建设与乡村振兴等新的时代使命"[2]。培育新乡贤群体，发展新乡贤文化，已经成为国家、政府和社会的深切呼唤。乡村教师本就承担着文化传承与价值教化的教学任务，伴随着乡村振兴战略的全面开启，乡村教师将进入新的历史发展时期。立足此时代背景下，新时代乡村教师走向新乡贤的乡贤身份返场，不仅拥有地域性和道德性的双重优势，而且享受巨大的政策空间和支持力度。这能够促使乡村教师在乡村社会建设、文化建设、政治建设等场域中发挥重要作用，展现多元化的合理角色，进而推进乡村教师乡贤身份重新入席。

---

[1] 唐松林.理想的寂灭与复燃：重新发现乡村教师[J].中国教育学刊，2012（7）：28-31.

[2] 李斌雄，孔希宇.新乡贤传承和引领乡村核心价值观的机制研究[J].社会主义核心价值观研究，2018（5）：53-62.

第二章 成为时代乡贤：乡村教师乡贤身份的角色重塑

总的来说，在重建乡村教师与乡村社会的良性互动关系上，新时代乡村教师走向新乡贤的国家政策空间，可谓一片大有可为的土地，即外在支持成为乡村教师乡贤身份返场的强硬后台。比如：国家提出"创新乡贤文化，弘扬善行义举，以乡情乡愁为纽带吸引和凝聚各方人士支持家乡建设，传承乡村文明"。① 在此政策空间下，作为新乡贤的乡村教师能够承担乡村社会风气的引领者角色，以崇德向善和诚实友善的道德追求，净化乡村社会的民风民俗，促进乡村社会的文明发展。又如：相关政策提到"建设新乡贤文化，培育和扶持乡村文化骨干，提升乡土文化内涵，形成良性乡村文化生态"。② 在此政策支持下，作为新乡贤的乡村教师可以用自己的教育教学知识与能力，加强培育乡村社区民众的文化意识和文化自信，担负起乡村文化资源传承与创新的责任和使命，以此建设良性乡村文化生态。再如：有关文件强调"积极发挥新乡贤作用，推动乡村治理重心下移，尽可能把资源、服务、管理下放到基层"。③ 在此政策引导下，作为新乡贤的乡村教师可以充当乡村社会治理的参与者角色和监督者角色，提升乡村自治能力，大力推进乡村政治民主化建设。立足于大有可为的外在支持性政策土地，带有新乡贤之地域属性和道德属性的新时代乡村教师，反过来更加能以新乡贤身份登上"公共性"的舞台，返回乡村教育者与乡村建设者的双重角色，重拾乡村教师的整全性职业生命。

---

① 中共中央国务院印发《关于加大改革创新力度加快农业现代化建设的若干意见》[N].人民日报，2015-02-02（01）.

② 中共中央办公厅、国务院办公厅印发《关于实施中华优秀传统文化传承发展工程的意见》[EB/OL].http：//www.gov.cn/zhengce/2017-01/25/content_5163472.htm，2017-01-25.

③ 《中共中央国务院关于实施乡村振兴战略的意见》[N].人民日报，2018-02-05（01）.

二、新时代乡村教师乡贤身份的重构困境

乡贤身份是乡村教师社会角色的主要表征，重构乡贤身份其实就是重新构建乡村教师的社会角色。但逐渐抽离和退缩于乡土社会之外的乡村教师，其社会角色再造与公共身份重塑出现了"公共性危机"，陷入"知识人的角色和理念人的角色困境、陌生人的角色和熟人的角色困境、农村人的角色和城市人的角色困境"[1]之中。以此来看，新时代乡村教师乡贤身份重构，同样深陷在知识人与理念人的责任困境、熟悉人与陌生人的场域困境、乡村人与城市人的文化困境之中。

（一）知识人与理念人：乡贤身份重构的责任困境

新时代乡村教师乡贤身份重构，等于扩大了乡村教师的公共责任，加重了乡村教师的工作负担，加之专业性与公共性之间存在价值对峙，促使乡贤身份重构深陷在责任困境的泥潭中。"在漫漫历史长河中，教师由曼海姆所说的自由漂浮者和巡夜者逐渐发展成为职业化、体制化的有机知识分子。"[2]变为有机知识分子的乡村教师，依归于体制化的法定身份建构和职业化的专业身份发展，退化成为单纯的"乡村教育者"，依靠自己的专业知识与能力谋取生存，片面地扮演着知识人的角色。但新时代乡村教师乡贤身份重构，主要是对乡村教师社会角色的重新塑造，使其在乡村文化建设、风习教化、公共事务中发挥重要示范引领作用，实现全面振兴乡村的价值使命。进一步说，新时代乡村教师乡贤身份重构旨在促进乡村教

---

[1] 王勇.当代乡村教师的社会角色困境与公共性的建构[J].当代教育科学，2013（7）：20-22.

[2] 吴虹雨，朱成科.教师不能承受之重——对农村教师社会责任扩大化的思考[J].教育科学研究，2012（8）：36-40.

第二章 成为时代乡贤：乡村教师乡贤身份的角色重塑

师走出教育教学职责的狭隘视野，成为强烈关切乡村社会建设的理念人，即"超越眼前的具体工作"，具有"走出当前实际事务的欲望"和"献身于超越专业或本职工作的整个价值的精神"[1]。然而，乡贤身份重构的理念人隐喻，实际上是对乡村教师社会责任的一种无形扩大，容易给乡村教师的专业发展和教学工作带来沉重负担，消解有限的教学精力，产生负面的畏难情绪，结果造成"他们不能承受的生命之重"，跌入责任重负的困境。另一方面，作为知识人角色的乡村教师，其角色认知和责任意识局限于专业身份的视域之内，只顾谋求教学技艺，追逐教育问题专业化和技术化；作为理念人角色的乡村教师，其价值视野和精神取向超脱于教育教学问题之外，走出乡村学校的围墙，把专业价值实现与乡村建设理想实现有效联结。在知识人的专业操守与理念人的精神超越之间，表征着乡村教师之专业性与公共性的价值对峙，两者存在迥然不同的道德使命和精神取向，新时代乡村教师乡贤身份重构正好陷入双重角色期待的责任困境。

（二）熟悉人与陌生人：乡贤身份重构的场域困境

新时代乡村教师乡贤身份重构，面临着当前乡土社会转型为"半熟人社会"甚至是"陌生人社会"的现实场域环境，而"半熟人社会"的异质性、流动性和陌生性极力阻碍着乡村教师发展成为新时代乡贤，导致乡贤身份重构踏入场域困境的泥沼里。中国传统社会中的乡贤是"在村庄熟人社会中成长起来的具有公心、威信和能力的村庄精英人物"[2]。"熟人社会"

---

[1] ［美］刘易斯·科塞.理念人［M］.郭方，等译.北京：中央编译出版社，2004：前言 2-3.

[2] 孙敏.乡贤理事会的组织特征及其治理机制［J］.湖南农业大学学报（社会科学版），2016（6）：49-55.

是传统乡贤形成的空间基础，更是乡村教师确定乡贤身份和发挥乡贤作用的重要土壤。在熟人社会里，乡村教师之于村民和儿童，扮演着"熟悉人"的角色，不但凭借自己的学行与德业容易获得村民的信任，而且自身非常愿意参与乡村社会建设。可以说，没有"熟人社会"空间场域环境铸就的礼俗规则、信任关系和情感认同，乡村教师的乡贤身份难以形成。受现代化与城市化的浪潮冲击，当前中国乡土社会的乡土结构、乡土本色和乡土逻辑逐渐淡去，由"熟人社会"开始蜕变为"半熟人社会"甚至向"陌生人社会"转变，人情、礼俗、熟悉关系渐渐褪色。在半熟人社会里，人与人之间的熟悉程度降低，地方性共识丧失，情感关系萎缩。这直接造成乡村教师不情愿参与乡村事务和关心乡民生活，对乡土人情和乡土文化选择漠视，缩卷在自己专业成长或生活追求的个人世界里，变为乡村社会中的"陌生人"，无意承担乡贤身份的社会责任。"半熟人社会"遂成为新时代乡贤"返场的阻碍因素"[①]。退一步说，乡村社会逐步生成由熟悉人到陌生人的场域环境，其中导致乡村教师乡贤身份形成的传统土壤已经变质。即使新时代乡村教师乡贤身份实现重构，但在"半熟人社会"的空间区隔下，也很难真正发挥乡贤的示范引领价值。因此，在"熟人社会"包裹的熟悉人与"半熟人社会"催生的陌生人之间，当前乡村并没有迎合乡村教师乡贤身份形成的基本需要，新时代乡村教师乡贤身份重构陷入了孕育乡贤身份之土壤缺乏的场域困境。

（三）乡村人与城市人：乡贤身份重构的文化困境

新时代乡村教师乡贤身份重构，遭逢自身作为乡村人与城市人相互交

---

① 黄爱教.新乡贤助推乡村振兴的政策空间、阻碍因素及对策[J].理论月刊，2019（1）：78-84.

第二章 成为时代乡贤：乡村教师乡贤身份的角色重塑

织状态的角色分化，面对乡村文化危机不绝于耳的话语情境，在固守乡土文明与向往城市生活的胶着碰撞中，乡贤身份重构落进文化困境的漩涡里。"作为个体道德的'贤'只有寄居于作为伦理实体的'乡'之中，并对'乡'做出了切实的贡献才能成为乡贤。"① 乡贤是"在"乡之贤，乡贤身份重构不是乡村教师乡贤形象的一种粗糙复制，而是乡村文化和乡土伦理的一种继承和发展。但乡村教师正逐步孤立于乡村社会，栖息在城市化的路途中，远离乡贤身份形成的伦理实体之"乡"。"乡村教师不再以乡村子弟为主流群体。一项多达5000余人的全国调查数据表明：将近80%的乡村特岗教师在进入大学之前为城市户口。"② 在乡村学校里，中老年乡村教师多为乡村子弟，与乡村社会具有血缘、地缘、情感上的联系，但新生代乡村教师已不是根植于乡村社会的"乡村人"，其生活方式、价值取向以及人生理想也异于乡村人，流露出"城市人"的典型特征。与此同时，"在现代性的冲击下，离土性使乡村社会的'历史感'与'当地感'被剥离，破坏了乡村旧有之意，也带来了传统乡村文化的坍塌。"③ 作为"乡村人"的中老年乡村教师，目睹着乡村文化走向瓦解的危机情境，无力传承乡土文化，逐渐放弃乡土伦理的守卫者角色，乡贤身份似如断潢绝港。"培育乡贤更意味着对乡村社会本土文化观念的尊重、培育与引领，只有这样，

---

① 赵浩."乡贤"的伦理精神及其向当代"新乡贤"的转变轨迹［J］.云南社会科学，2016（5）：38-42.

② 车丽娜.空间嵌入视野下乡村教师社会生活的变迁［J］.西北师大学报（社会科学版），2020（2）：78-84.

③ 闫惠惠，郝书翠.背离与共建：现代性视阈下乡村文化的危机与重建［J］.湖北大学学报（哲学社会科学版），2016（1）：152-158.

才有可能形成乡贤得以生长的文化土壤。"[1]作为"城市人"的新生代乡村教师，向往城市化的社会生活，与乡土文化渐行渐远，乡土伦理传承逐渐被边缘化，乡土文化认同感日渐消亡，乡贤身份重构丧失了赖以生存的文化根基。在"乡村人"固守乡土文明遭遇危机与"城市人"向往城市生活成为风尚之间，新时代乡村教师脱离乡村文化，成为黑格尔所言的"非现实的阴影"，乡贤身份重构陷进伦理实体虚无的文化困境。

三、新时代乡村教师乡贤身份的重构路径

乡贤身份是乡村教师社会角色的主要表现，不能被无情地丢弃在乡村教育发展的历史浪潮中，而是要在坚守中进行重构。"责任""场域""文化"三层重构的困境，阻碍着新时代乡村教师乡贤身份重构的成效，因而势必要从困境中突围，确保全力释放乡村教师乡贤身份重构的价值能量。

（一）突围路向：促使乡村教师成为契合时代的新乡贤

在新时代里，突围三层困境的可能路向，不是生硬复归乡村教师的传统乡贤形象，而是促使乡村教师发展成为新乡贤。新乡贤是传统乡贤在新时期的延续，是"对传统乡贤的继承和发展，他们与传统乡贤既有同质性，也有异质性"[2]。在同质性上，新乡贤具有地域性、声望高、掌握先进文化、秉承主流价值观等传统特征；在异质性上，新乡贤具备平民化、群众化、不在场化、现代道德观念与民主法治意识等新式特点。新乡贤之"新"主

---

[1] 李晓斐.当代乡贤：地方精英抑或民间权威[J].华南农业大学学报（社会科学版），2016（4）：135-140.

[2] 高万芹.乡村振兴进程中新乡贤的类型界定、功能实践与阻力机制[J].天津行政学院学报，2019（5）：87-95.

要表现为新环境、新标准和新观念，其中的新标准"更多是基于专业技能产生的对于村民的影响力和号召力"[①]。新时代乡村教师成为新乡贤，能够有效克服乡贤身份重构的三层困境。首先，成为新乡贤的乡村教师乡贤身份重构，立足于乡村教师的专业知识与技能优势，坚持专业性优先，凭借专业知识与技能融入乡村社会，助力乡村发展，克服了乡贤身份重构的责任困境。其次，新乡贤打破了传统乡贤的各种界限，"不受地域、职业、身份的限制"，扩展了地缘，扬弃了血缘。[②] 在"半熟人社会"或"陌生人社会"中，凡是贤能之人都可以发展成新乡贤，因而抑制了乡村教师乡贤身份重构的场域困境。最后，"平民化"是新乡贤区别于传统乡贤的时代特征之一。无论是乡村人或城市人，身在城乡何处，愿意建设乡村者都可以成为新乡贤，因而乡村教师乡贤身份重构的文化困境不攻自破。可见，新时代乡村教师乡贤身份重构，促使乡村教师迈向契合新时代环境、新时代政策、新时代文化和新时代思想的新乡贤，成为一条走出"责任""场域""文化"三层困境的可能之路。

（二）主体自觉：增强乡村教师成为新乡贤的内在动力

"乡村教师无心助力乡村振兴、无力投入乡村建设。"[③] 新时代乡村教师发展成为新乡贤的突围之路，关键在于乡村教师自身有意愿、有能力、有信念参与乡村建设与治理，从内心深处承担得起时代赋予的新乡贤身份。

[①] 付翠莲.乡村振兴视域下新乡贤推进乡村软治理的路径研究[J].求实，2019（4）：76-83.

[②] 吴晓燕，赵普兵.回归与重塑：乡村振兴中的乡贤参与[J].理论探讨，2019（4）：158-164.

[③] 涂乐春，等.乡村教师在乡村振兴中发挥作用的困境与对策分析[J].现代农村科技，2019（9）：5-7.

因此,大力激发新时代乡村教师的历史使命和社会责任,强化乡村教师成为新乡贤的主体自觉及内在动力,是其能够成功突围乡贤身份重构困境的内在要素。具体来说,一是引导乡村教师充分认识自身的时代使命,适应乡村振兴战略,提升乡村教师发展乡村、振兴乡村、繁荣乡村的责任意识,秉持主动积极的乡贤风范参与乡村社会的建设与治理,促使乡村教师具有成为新乡贤的主体意愿。二是引导乡村教师参加职后培训和专业学习,了解国家政策,熟知乡土文明,不断积累教育教学知识和乡村社会知识,优化自身的知识架构和文化资本,促使乡村教师具备成为新乡贤的知识与能力。三是培育乡村教师的家国情怀和乡贤精神,提高其思想政治素养,增强乡村教师对乡村社会的价值认同和情感认同,树立服务乡村和振兴乡村的远大志向,为乡村的经济发展与文明进步奋斗终生,促使乡村教师具有成为新乡贤的理想信念。

(三)制度供给:完善乡村教师成为新乡贤的外在支持

新时代乡村教师发展成为新乡贤的突围之路,不仅需要乡村教师的主体自觉和内在动力,而且需要相关部门的制度支持和激励措施。当前乡村教师缺少本土背景、沦为纯粹教书匠的现实表明,在制度缺失和激励匮乏的前提下,乡村教师成为新乡贤、发挥新乡贤示范作用的可能性不大。因此,加强相关制度建设,提供制度供给和制度支持,不给乡村教师增添工作负担,保障专业性与公共性两者和谐发展,成为其能够成功突围乡贤身份重构困境的外在要素。一方面,国家部门或地方政府在制定、修改教育法律法规政策过程中,适当加入乡村教师发展成为新乡贤的相关条款,为乡村教师新乡贤身份提供法律依据,确保乡村教师参与乡村社会建设与治理的正当性和合理性。另一方面,教育行政部门制定相应的激励政策,可在职称评审、福利待遇、评优评奖等制度上，增设乡村教师成为新乡贤、发挥新乡贤示范作用的激励条款，甚至采用经济补贴和荣誉授予的形式给予成为新乡贤的乡村教师物质和精神上的双重奖励。制度建设和激励措施不但能为乡村教师发展成为新乡贤提供外在支持，而且在无形之中激发乡村教师成为新乡贤的动力、意识及热情。

总之，乡村教师是身"在"乡村中的稀有知识分子，在乡贤回乡的时代追问中，促进乡村教师乡贤身份重构，发展成为新乡贤，不失为探寻一条守护乡土家园、助力乡村振兴的新路径。新时代乡村教师乡贤身份重构，既不是强制要求乡村教师回到乡村里生活居住，也不是要求乡村教师全部成为新乡贤，而是还给乡村教师一个有尊严的公共身份，激活乡村教师公共性话语表达的意识和潜力，引导乡村教师养成深厚的乡村教育情怀。成为新乡贤的乡村教师，在教育学生的同时，让他们全面充分地认识到自身助力乡村发展的价值、责任和使命，让他们关切乡村社会发展，让他们找到专业发展和生命发展的新方向和新理想，回归乡村文化精英的社会地位，享受到教师职业的获得感和幸福感，发挥新时代乡村教师新乡贤示范引领作用。

本章结语

乡贤身份是乡村教师公共身份的主要表现。强调新时代乡村教师的新乡贤身份，不能否认其专业身份。乡村教师的专业身份与公共身份不是对立的，而是统一的。专业性体现了乡村教师作为乡村知识分子的知识与能力，走向新乡贤角色的新时代乡村教师，其公共性的发挥离不开专业性的内在支持。试想一下,新时代乡村教师没有专业知识与能力作为根基,他有何卓越本领在乡村经济社会建设中提供智力支持,如何释放新乡贤身份的应有功能?如果新时代乡村教师的专业性因素过少而公共性因素过多,那么,其公共身份的功能效果势必糟糕,社会形象与公共性地位也因此而降低。换句话说,绝对不可过度放大新时代乡村教师的新乡贤身份,使其增添角色负担,甚至要在坚持以专业性优先发展的基础上建构新乡贤身份。

在改造乡村社会的实践过程中,新时代乡村教师新乡贤身份能够承担传承乡村伦理、建设乡村文化、参与乡村事务、教化乡村民众、引领乡村文明等多元化角色。首先,作为新乡贤的乡村教师可以守护乡村伦理,全面深入理解和反思乡村伦理的精神实质,激发乡民与学生对乡土的风俗习惯、价值观念、生活方式的兴趣和追求,以此践行乡村伦理传承者的本真角色。其次,作为新乡贤的乡村教师可以适当发挥乡村文化建设的主体性作用,以主动的姿态和由衷的态度全方位参与乡村文化建设,奏响乡村文化建设的主旋律,积极引导乡村文化的走向,建构良性乡村文化生态,努力把乡村学校建设成为乡村文化交流的中心和高地。再次,作为新乡贤的乡村教师可以活跃于乡村公共事务和公共活动之中,维系乡村社会的稳定秩序,对乡村治理和乡村政事建言献策,为乡村建设想法子、出点子、找路子。复次,作为新乡贤的乡村教师可以承担教化乡民的社会使命,向乡村民众传播知识与技能,育民智,启民心,最终教育每个乡民发展成为一个合格的现代公民。最后,作为新乡贤的乡村教师可以秉承乡村文化的精神与价值,以身作则,言行雅正,示范乡里,以自身的精深学问和高尚品德做乡村社会和乡村民众的道德榜样,成为乡村文明的引领者。在此意义上,新时代乡村教师以新乡贤的多元角色复归"乡村知识分子"或"乡村

第二章 成为时代乡贤：乡村教师乡贤身份的角色重塑

经济社会的建设者"的重要角色，继而完成自己的社会理想，享受教师整全性职业生命的幸福与圆满。

新时代乡村教师新乡贤身份的形成，并非外在规定的角色，应是个体自由自觉行动下自然发生的结果。尤其是在当今高度分工化的社会背景下和乡村教师教育教学任务偏重的现实情况下，乡村教师因外在规约而"被迫"追寻新乡贤身份，很有可能成为其专业发展与日常工作的沉重负担，滋生做乡村教师之艰难的风险。因此，新时代乡村教师若想走向新乡贤，不能依靠集体决策，反而需要教育行政部门政策的宽松与宽容，而且需要自身的道德信仰和文化理想。否则，强制要求下的行政命令，会使乡村教师新乡贤身份发生异化，变为专业发展的重负。但若要绝大多数乡村教师真正成为新乡贤，自发地改造乡村社会和参与乡村生活，绝非易事，这是一个长期的、反复的系统工程。同时，"人"是教育的起点和归宿，新时代乡村教师新乡贤身份的形成过程，关键在于体谅和关怀乡村社会中的"人"，即乡村教师应当胸怀平民情愫，对乡村民众保持高度尊重，对乡民生活保持充分理解，教师与乡民平等地互融一体。"乡村教师生活在农村，过着平民的日子，生活在平民当中，体验着平民的生活……乡村教师不可能远离平民。"[①]

应清醒看到的是，在"离土中国"的现实情境之下，"熟人社会"的乡土空间早已不复存在，发生了质的变化，正在成为甚或说已经成为一个"半熟人社会"[②]。当前乡村社会不再是"没有陌生人的社会"，新时代乡村教师作为新乡贤返场之"场"是"半熟人社会"。半熟人社会情境中，

---

① 杨运鑫.平民精神：乡村教师公共性回归之所 [J].大学教育科学，2008（5）：66-68.
② 贺雪峰.新乡土中国（修订版）[M].北京：北京大学出版社，2013：3.

公共交往的陌生感和公共对话的异质性，容易阻碍新乡贤发展成为乡村社会的"道德权威"，亦阻碍着乡村教师新乡贤角色的塑造。但正因如此，乡村教师更应该全力释放其乡贤身份的功能，以新乡贤身份参与补救乡村经济社会建设，在主导乡村教育现代化的同时，奋力促进乡村社会经济现代化，体现全面振兴乡村事业的重要价值。

第三章　城市中心导向：
公费定向师范生教育的文化偏向

乡村学校公费定向师范生教育计划旨在培育善教、乐教、爱教的乡村教师。而如何把公费师范生培养成为"下得去""留得住""教得好""有发展"的乡村教师，职前教育是基础，培养院校是关键。培养院校的教育教学活动，是将乡村学校公费定向师范生教育计划从理论形态转化为实践形态的关键途径。理论构建和政策呼吁是一回事，实践操作和政策执行是另一回事。乡村学校公费定向师范生教育计划原本在于解决乡村教育师资问题，为乡村教育注入新鲜血液和活力，培养具有深厚乡土情怀的乡村教师。但在现实中，公费定向师范生教育秉持城市中心文化取向，以城市教师为参照，重视师范教育的"普适性理论"而轻视乡村教育的"地方性知识"，结果造成"师范生培养中的文化偏向"[①]。公费定向师范生教育活动，

---

① 雷云."文化偏向"与"乡土背离"——乡村教师扎根难及其破解探询［J］.四川教育，2020（17）：10—12.

如果培养院校坚持城市中心导向，容易造成公费定向师范毕业生缺少乡村教育情怀、淡化乡村教师身份认同，背离乡村学校公费定向师范生教育计划的"初心"。本章主要分析公费定向师范生教育的文化偏向问题，对公费定向师范生教育过程中的"城市化"现象、表现及后果进行剖释。总体来说，城市中心导向的公费定向师范生教育也许具有合理性甚至是必然性，但它是否就是唯一可取、不可选择的形式呢？是否就是公费定向师范生教育的全部内涵呢？公费定向师范生教育的复杂性在于，既不能仅以城市中心导向的文化价值观培养公费定向师范生，从而脱离了公费定向师范生教育计划的初衷与主旨；又不能视乡村教育为教育现代化历程之外的孤岛，仅仅施以面向乡村学校的公费定向师范生教育。公费定向师范生教育要摆脱"城乡之争"的二元对立思维，在"城市化"与"乡土化"之间寻求一种平衡和融合。

第一节 公费定向师范生教育的"城市化"现象

如何理解公费定向师范生教育的"城市化"现象？它是指在公费定向师范生教育过程中，培养目标、课程内容的设计及其评价，几乎都以城市文化价值观念为中心、以城市教育理论知识为前提展开，教育教学更多体现了城市教育的要求、城市生活的需要和城市发展的观念，而对乡村教育、乡村生活、乡村发展缺乏应有和必要的关注，造成公费定向师范生培养活动独立于乡村的生活和发展之外，与乡村社会的生活世界缺乏有机联系，进而导致乡村教育似乎一直游离于公费定向师范生教育的主体和主题之外。那么，公费定向师范生教育的"城市化"现象何以发生？如何看待？

第三章 城市中心导向：公费定向师范生教育的文化偏向

如何评价？这对于全面深入认识公费定向师范生教育的"城市化"现象具有重要的意义。

一、文化偏向的发生逻辑

城市化与现代化相望生动、紧密相连。城市化是现代化的衍生物，故而城市化是一个国家现代化程度的重要标志。现代化是多层面、全方位的，如政治现代化、经济现代化、科技现代化等。教育现代化是社会现代化与现代化社会在教育世界的具体表现。教育的"城市化"可以理解为教育现代化历程的重要标志。因此，公费定向师范生教育的"城市化"现象不是凭空而来的，而是现代化社会、社会现代化、教育现代化的产物。

首先，"城市化"倾向的公费定向师范生教育是国家社会发展现代化的趋势所然。建设社会主义现代化强国，实现中华民族伟大复兴，是坚持和发展中国特色社会主义的总任务。推进社会主义现代化，教育先行。教育现代化是加快建设国家现代化进程的重要动力。没有教育的现代化，就难有国家的现代化。《中国教育现代化2035》明确提出："到2035年，总体实现教育现代化，迈入教育强国行列，推动我国成为学习大国、人力资源强国和人才强国，为到本世纪中叶建成富强民主文明和谐美丽的社会主义现代化强国奠定坚实基础。"教育现代化必然伴随着各级各类学校教育的重大变化。所以，高等师范教育势必立足于教育现代化的社会背景和发展趋势，推进和实现师范教育现代化，以此培育建设社会主义现代化强国的高质量师范人才。推进和实现师范教育现代化靠什么、如何做、走什么道路？"无论实行什么样的社会制度，工业化、城市化是现代化的必由之路。"① 高等师范教育现代化的发展道路在于高等师范教育"城市化"。以此来看，无论实行什么样的师范教育，"城市化"是高等教育现代化的必由之路。因此，在国家社会发展现代化和高等师范教育现代化发展趋势的推动下，公费定向师范生教育难逃"城市化"的发展道路。或者说，国家社会发展现代化和高等师范教育现代化，为"城市化"倾向的公费定向师范生教育提供了萌芽的土壤和生长的养分。

其次，"城市化"倾向的公费定向师范生教育，教育成本相对低廉，容易实施。师范人才培养是一项系统工程，从方案设计到具体实施，从专业建设到教育改革、从培养目标到课程设置，从理论传授到实践训练，需要系统性、全面性、多层次参与、变革、修订和完善。公费定向师范生教育不同于普通类师范生教育，它是专门面向乡村而定向培育师范人才。如若培养院校一切按照乡村学校公费定向师范生教育计划进行师范教育教学活动，意味着人才培养系统的彻底变革。教育变革不仅需要付出教育成本，而且面临阻力和抵制。因此，面对公费定向师范生教育的变革诉求，"组织惯性"和"个人障碍"导致公费定向师范生教育仍然是保持现行教育模式。保持现状不仅不用付出因变革增多的教育成本，而且"依照惯例"也容易实施。吊诡的是，我国长期奉行统一的教师职前教育模式是"去乡村化"②的，即秉持城市中心导向。在此基础上，公费定向师范生教育正好落入城市中心导向的人才培养模式当中，表现出"城市化"倾向。

---

① 杨继国，骆革新. 马克思资本起源理论与我国农村改革方向——韦伯中国命题的马克思解[J]. 厦门大学学报（哲学社会科学版），2019（1）：48-55.

② 钱芳. 地方性知识与乡村教师专业发展——教育场域的视角[J]. 教育学术月刊，2018（10）：98-103.

第三章 城市中心导向：公费定向师范生教育的文化偏向

最后，公费定向师范生需要"城市化"倾向的师范教育。无论是城市教师，抑或是乡村教师，两者之间不仅存在"城乡之争"，而且存在"教师之同"。虽然乡村学校公费定向师范生教育计划旨在培育乡村教师，但是师范性才是公费定向师范生教育的根本和基础。公费定向师范生教育是一种师范教育，公费定向师范生进入培养院校，必须接受师范文化的洗礼。师范教育和师范文化具有标准性和统一性的发展特点，具有卓越化和现代化的发展诉求。"师范教育普遍面向现代化、国际化的今天，师范文化不断地向国际性、前沿性、一流性的文化价值靠拢，而乡土文化传统性、地域性和独特性的文化价值被边缘化、消弭化，乡土的历史、经验、语言、习俗等都不停歇地追逐城市发展的脚步。"[①] 不难发现，公费定向师范生必须接受师范教育才有成为乡村教师的可能，必须涵养师范文化才会具备乡村教师的素质，然而，师范教育的发展越来越偏向现代化的文化价值，越来越疏远乡土性的文化传统，在"偏向"与"疏远"之间，"城市化"倾向的公费定向师范生教育得以形成。公费定向师范生教育的城市中心导向，不仅是"教育与社会"之间的关系使然，而且是"教育与人"之间的关系所造，即公费定向师范生需要"城市化"倾向的师范教育。

综上所述，公费定向师范生教育的"城市化"现象不过是师范生教育的"城市化"倾向的一种表现，并不是说有了公费定向师范生教育而后发生了师范生培养的城市中心导向。两者不是孰先孰后的关系，而是普遍与特殊的关系。师范生教育的"城市化"现象早在实施乡村学校公费定向师范生教育计划之前已经存在，公费定向师范生教育的"城市化"现象只是

---

① 冯誉萱，刘克利. 公费定向师范教育协同：价值、经验与需要 [J]. 大学教育科学，2019（5）：68-74.

普遍意义上师范生教育"城市化"倾向的一个实际表现。

二、普遍存在的城市导向

人的需要即人的本性，改善出身、提升阶层、向上流动是人性固有的自然追求。在教师教育世界，绝大部分师范生毕业后的就业去向是城市学校，成为一名城市教师，进而追求人的美好生活，因而培养院校按照城市教师的标准实施师范教育，强调城市中心文化的价值观念，即师范生教育的"城市化"现象已成既定的社会事实。这既是教育现代化的客观要求，又是师范毕业生追求就业岗位的内在需要。然而，伴随乡村学校公费定向师范生教育计划的推进实施，公费定向师范生教育的"城市化"现象得到凸显和关注。公费定向师范生教育致力于培育具有深厚乡土情怀的乡村教师，但对于公费定向师范生而言，"城市化"的师范教育远离乡村社会的生活经验和文化价值，教师所传授的教育教学知识和乡村教育教学之间没有什么实质性的联系，课程内容脱离乡村教育，这些全都加剧了他们任教乡村学校、服务乡村教育的困难。公费定向师范毕业生将来面对的是乡村儿童，甚至要在乡村学校长期任教。但"城市化"的师范教育导致他们既没有养成乡村教育教学的特殊技能，也缺乏足够的乡土文化涵养。因此，公费定向师范生教育的"城市化"现象，退化成为一个"教育问题"。

成为"问题"的公费定向师范生教育"城市化"，归根结底，其实还是师范生教育"城市化"倾向如何理解、如何认识。师范生教育的"城市化"现象到底是世界各国普遍存在的"问题"，还是为中国独有的"教育问题"？如果师范生教育的"城市化"现象在世界多个国家普遍存在，那么，这种普遍存在的"城市化"导向既可以理解为教师教育发展的一种趋势和

第三章 城市中心导向：公费定向师范生教育的文化偏向

潮流，又可以理解成教师教育发展的共性问题。如果师范生教育的"城市化"现象为中国独有，那么，这种单独存在的"城市化"导向就要放置于中国社会和中国教育的特殊情境下加以考察。从世界范围来讲，无论是发达国家还是发展中国家，大多存在着师范生教育的"城市化"现象。比如，"澳大利亚绝大多数教师的职前教育是城市导向的，教师无法胜任乡村教育，'城市化'的教师教育未能使学生充分习得胜任乡村教育以及如何适应乡村生活的能力"。[①] 又如，印度的教师教育也存在类似的情况，乡土历史、乡土文化、乡土艺术等地方性知识没有在教师教育过程中得到应有的重视。[②] 因此，师范生教育的"城市化"现象是普遍存在的"教育问题"。或者说，普遍存在的城市导向，成为世界各国教师教育发展过程中的共性所在。

不难发现，公费定向师范生教育"城市化"现象只是教师教育"城市化"倾向的具体表现。但普遍存在的城市导向背后，蕴藏的是教师教育的普适性立场。换句话说，公费定向师范生教育把"城市中心取向"的教育理论和教育实践作为理想模型，将它认定为更具价值、更少争议、更具真理性的普遍知识或科学知识，以此"理念""规范""范例"塑造公费定向师范生成为优秀的乡村教师。不过，普遍存在的城市导向背后的普遍知识，忽视了知识及其运用的"地方性"。

[①] 时广军.澳大利亚乡村教师体验：价值与实践——以 TERRR Network 项目为例[J].比较教育研究，2019（9）：106-112.

[②] Dyer C, Choksi A, Awasty V, et al. Knowledge for Teacher Development in India: the Importance of 'Local Knowledge' for in-service Education [J]. International Journal of Educational Development, 2004, 24（1）：39-52.

三、普遍知识的地方困境

从知识论看,公费定向师范生教育"城市化"现象是一种普遍知识或科学知识的权威效用。普遍知识具有绝对普遍知识和相对普遍知识之分,要么是先验的,要么是共识的。无论运用先验性的教育理论知识与教育实践知识,还是共识性的教育理论知识与教育实践知识,实施公费定向师范生教育都是一种合理性的教育行动。但是,普遍知识或者说科学知识经常遭到质疑和批判,形成地方性知识缺失的存在困境。"科学知识有两种'形象':在现代主义或标准科学哲学看来,科学知识是普遍有效的,但在后现代主义或'理性的社会转向'看来,科学知识是与特定的'实践和文化'相关联的地方性知识。"[①] 因此,立足于城市教师专业发展标准,以普遍意义上的教育理论知识与教育实践知识来培育公费定向师范生成为乡村教师,把致力于塑造乡村教师的公费定向师范生教育淹没在"教师""城市教师"的群体性抽象概念当中,忽视特定的"实践和文化"相关联的地方性知识,难以有效实现公费定向师范生教育的目的。

与公费定向师范生教育相关联的地方性知识是什么?对公费定向师范生来说,地方性知识是把"城市化"的普遍意义上的教育理论知识与教育实践知识转化为适应乡村教育实际和乡村学校情境的知识。它是公费定向师范生对于乡村教育、乡村学校、乡村儿童、乡村社会的认知、体验和感受,从"城市化"走向"乡村化",是具有乡土气息、乡土色彩、乡土文化的知识。获得地方性知识是公费定向师范生成为乡村教师的关键能力,因为离开乡

---

① 安维复,郭荣茂.科学知识的合理重建:在地方知识和普遍知识之间[J].社会科学,2010(9):99-109.

第三章　城市中心导向：公费定向师范生教育的文化偏向

村教育实际和乡村学校情境，那些"城市化"的普遍意义上的教育理论知识与教育实践知识，其价值和意义便无法得到确认。因此，在一定意义上可以认为，公费定向师范生教育的独特性，就在于促进公费定向师范生地方性知识的获取和发展。

更进一步说，教育的对象是"人"，"人"是教育的原点和归宿，教育的质的规定性就是培养"人"。[①] 因此，公费定向师范生教育的对象是"公费定向师范生"，"公费定向师范生"是公费定向师范生教育的出发点和目的地，而公费定向师范生教育的根本指向是培养"下得去""留得住""教得好""有发展"的乡村教师。公费定向师范生教育应从乡村教育现实及其传统出发，为培养"乡村教师"服务，而不可从某种抽象观念出发，为培养一般意义上的"教师"服务。为此，公费定向师范生教育应走出对"普遍知识"的迷恋，重构"乡村式愿景"，强调"地方性知识"之于公费定向师范生及其教育的重要意义。

诚然，在公费定向师范生教育的时空场域中，既存在"城市化"倾向的师范教育普遍知识，也存在"乡村性"底色的师范教育地方性知识。两者构成了公费定向师范生教育这枚硬币的双面，缺一不可。重视"城市化"倾向的普遍知识而轻视"乡村性"底色的地方性知识，主张"乡村性"底色的地方性知识而否定"城市化"倾向的普遍知识，皆是错误的。由此来看，公费定向师范生教育的"城市化"现象有其合理性，但城市中心取向不应成为公费定向师范生教育的唯一文化定向和单维知识选择，"地方性

---

① 扈中平．教育目的论［M］．武汉：湖北教育出版社，2008：21．

知识应该成为教师教育内容的一部分,获得合法性"[1]。因此,在公费定向师范生教育过程中,需要强化公费定向师范生对乡村及乡村学校的认知、体验和反思,把地方性知识融入培养目标和课程体系之中,使得地方性知识与"城市化"倾向的普遍知识相互作用、互为条件、有机结合,避免公费定向师范生掉入或者帮助公费定向师范生走出"城市化"倾向的泥潭里。

第二节 公费定向师范生教育的"城市化"表现

城市中心取向的公费定向师范生教育,脱离了乡村教育和乡村文化的地方性知识,单纯强调教育科学知识的普遍性。尽管大部分公费定向师范生来自乡村家庭,从小在乡土世界里成长,接受乡村教育的影响和塑造,受到乡土文化的熏陶和感染,但是,公费定向师范生教育却几乎都以城市文化价值观念为中心、以城市教育理论知识为前提展开。乡村教育和乡村文化一直游离于公费定向师范生教育的主体和主题之外。以上种种,正在有力地消解着鲜活的乡土性教育形式和地方性教育知识在公费定向师范生教育中的位置。公费定向师范生教育是一种有目的、有计划、有组织的社会实践活动。从教育实践结构要素来看,公费定向师范生教育的"城市化"现象是公费定向师范生教育的实践结果。由于教育实践结果是由教育目的(主要是培养目标)与教育手段(主要是课程体系)所致,公费定向师范生教育的"城市化"现象在教育目的与教育手段上均表现出城市中心导向。

---

[1] Robyn Jorgensen, Peter Grootenboera, Richard Nieschea, et al. Challenges for Teacher Education: the Mismatch between Beliefs and Practice in Remote Indigenous Contexts [J]. Asia-Pacific Journal of Teacher Education, 2010, 38(2): 161-175.

第三章 城市中心导向：公费定向师范生教育的文化偏向

"人才培养方案是高校专业人才培养工作的'宪法'。专业人才培养目标、规格、能力要求、素质体现、培养特色、课程体系、培养环节、考试考核办法、质量标准等，均由人才培养方案来规定。它决定了一个专业'培养什么人'和'怎样培养人'这个专业建设的基本问题。"[①] 职是之故，基于"人才培养方案"在人才培养目标和人才培养规格中的重要地位，本研究以小学教育专业为例，随机选取国内 10 所实施乡村学校公费定向师范生计划的培养院校的人才培养方案，对公费定向师范生教育的"城市化"表现进行文本分析。

一、"向城市化"的培养目标

人才培养方案规定了人才培养工作的各个环节，包括培养目标、毕业要求、修业年限、毕业学分要求、授予学位、核心课程、课程结构、教学安排等内容。人才培养方案的首要内容就是培养目标。因此，培养目标是所有专业人才培养方案的重要组成部分。通过分析国内小学教育专业的人才培养方案发现：在 10 所院校中，仅有 3 所把公费定向师范生的培养目标定位成全科型或复合型或优秀的乡村教师，剩余 7 所把公费定向师范生的培养目标定位成全科型或多科型或高素质小学教师（见表 3-1）；公费定向师范生培养整体上表现出注重"区域"而非"乡村区域"、注重"教育"而非"乡村教育"、注重"教师"而非"乡村教师"的"向城市化"目标定位特点。

---

① 具体可参见：刘明贵.关于人才培养方案制订修订的几个问题[J].岭南师范学院学报，2019（1）：1-8.

表 3-1　国内小学教育专业人才培养方案中的目标定位

学校编码	人才培养的目标定位
A1	培养适应基础教育改革与小学启蒙教育发展需要，面向四川民族地区及四川盆地周边地区，德、智、体、美等方面全面和谐发展，热爱小学教育事业，具有良好的教师职业道德和先进的教育理念，熟悉小学教育教学规律，具备扎实的专业知识、过硬的专业技能、良好的素养、健康的身心、较强的适应能力与创新精神，能胜任语文、数学、艺术等多学科教育教学的全科化应用型小学教师
A2	本专业立足大别山区域，面向安徽省，培养具有较好的思想政治素质与师德修养、较高的人文与科学素养，服务安徽基础教育事业，"下得去、留得住、教得好、有发展"的全科型乡村小学教师
A3	本专业培养热爱小学教育事业，履行教师职业道德，有责任担当，人格健全，拥有扎实的小学学科教学与班级管理的专业知识和专业技能，具备较强的教育实践能力、教育研究能力和专业持续发展能力，能够在小学胜任语文、数学学科教学，并有能力承担其他学科教学的多科型小学教师
A4	贯彻落实党的教育方针和国家教师教育政策要求，以"立德树人"为核心，立足青岛，面向山东，培养政治立场坚定、热爱教育事业、具有良好的师德修养和教育情怀、宽广的学科基础和科学人文素养、系统的教育理论知识和扎实的专业技能，具有终身发展意识和潜质，能胜任小学多门课程教学任务，承担基本的教育管理与研究工作的复合型乡村骨干教师
A5	本专业培养热爱小学教育事业，德智体美全面发展，具有良好职业道德和文化素质，掌握学科基本理论、基础知识与基本技能，学科素养和教师专业素养高度整合，富有责任感、创新精神和实践能力，能够胜任小学多门学科教学和教育管理工作的高素质小学全科教师
A6	本专业以习近平新时代中国特色社会主义思想为指导，坚持和贯彻党的教育方针，落实"立德树人"根本任务，围绕新时代"四有"好老师培养的基本要求，立足潍坊、面向山东、辐射全国，着力培养践行社会主义核心价值观，热爱小学教育事业，具有良好的教师职业道德和现代教育理念，掌握小学生身心发展特点和小学教育教学规律，具有较高的学科素养、人文素养、信息素养、美育素养和教育教学实践能力，富有创新精神、教师专业发展意识和教育研究能力，能够胜任小学多学科教学和教育管理工作，德智体美劳全面发展的高素质应用型人才和社会主义建设者
A7	本专业立足江苏、辐射全国，培养热爱小学教育事业，德智体美劳全面发展，师德高尚，具有生命教育理念与乡村教育情怀，人文与科学素养厚实，掌握主教与兼教学科的基本知识和技能，具备较强的小学教育教学能力、班级管理能力、教育教学研究能力与自主发展能力，能在小学及相关教育机构从事教育教学、教育科研和管理工作的优秀乡村教师
A8	培养德、智、体、美、劳全面发展，热爱小学教育事业，具有先进教育理念、扎实教育理论基础和学科知识，具备良好教育教学技能以及一定的教育研究与创新能力，具有全科视野，并具备执教语文或数学相对专业优势的高素质小学教育工作者

第三章　城市中心导向：公费定向师范生教育的文化偏向

续表

学校编码	人才培养的目标定位
A9	培养德、智、体、美全面发展，具有良好职业道德，先进教育理念，扎实的汉语言文学、英语语言文学学科知识，基本的人文社会科学素养，较强的小学教育教学、管理与研究能力，胜任小学语文、英语、品德与社会（生活）教学，以及管理、研究工作的文科类教师
A10	本专业适应国家新时代师范教育高质量发展和广东省基础教育现代化的要求，坚持学校"师范性、教学型，地方性、应用型"的办学定位，培养具有高尚师德与深厚教育情怀，具备丰厚的人文、科学与艺术素养，扎实的学科知识，突出的专业能力，德智体美劳全面发展，一专多能，胜任小学教育教学、教学研究和教育管理工作的高素质小学教师

（一）注重"区域"而非"乡村区域"

乡村学校公费定向师范生教育计划是各个省份实施开展的特殊性教师教育政策，在招生基本条件设定时，大都强调"具备招生来源计划所确定的户籍条件"。出于这个原因，公费定向师范生全部来自本省，并无外省生源。因此，全国各地培养院校公费定向师范专业所培养的人才，是面向地方的或者说区域的，而非面向省外的或者说全国的。按照U-S-G三方协议约定，公费定向师范生毕业以后必须前往招生来源计划地的乡村学校任教服务6年以上。公费定向师范专业人才培养目标不仅是要面向地方的或者说区域的，而且是要面向乡村区域或者说偏远地区的。但是，在随机抽取的10份人才培养方案中，注重"区域"而非"乡村区域"是其一大特点。注重"区域"而非"乡村区域"正好印证了公费定向师范生教育"向城市化"的人才培养目标定位。

一方面，大多数培养院校的公费定向师范生培养目标做到了面向"区域"，这在人才培养方案目标表述当中政府的职能明显。比如：四川省某培养高校的小学教育专业人才培养方案表述为"面向四川民族地区及四川盆地周边地区"，安徽省某培养高校的小学教育专业人才培养方案表述为

"立足大别山区域，面向安徽省"（见表3-1）。但是，令人遗憾的是，同样存在一些培养院校的人才培养目标表述根本没有出现面向"区域"的现象。另一方面，绝大多数培养院校的公费定向师范生培养目标没有提出面向"乡村区域"，这在人才培养方案目标表述当中体现得也十分明显。比如：山东省两所培养高校的小学教育专业人才培养方案表述为"立足青岛，面向山东""立足潍坊、面向山东、辐射全国"，江苏省某培养高校的小学教育专业人才培养方案表述为"立足江苏、辐射全国"（见表3-1），虽然它们强调面向"区域"，但根本没有出现面向"乡村区域"。

  在公费定向师范生的培养目标定位中，之所以会出现注重"区域"而非"乡村区域"的既定事实，至少有两个方面原因。其一，虽然公费定向师范生毕业以后必须前往招生来源计划地的乡村学校任教，并且服务6年以上，但是从教师职业生涯发展来看，公费定向师范生并非终生任教于乡村中小学，服务期满后很有可能追求"向上流动"，可以通过教师公开招聘考试成为城市教师，或通过各级机关公务员考试成为公务员，或通过攻读硕士博士学位成为大学教师，等等。因此，注重"区域"而非"乡村区域"为公费定向师范生的人生职业发展和教师职业发展提供了多种可能和支持。譬如：个别培养院校在人才培养的目标定位表述中提出"辐射全国"就是证明。也就是说，培养院校对公费定向师范生进行师范教育的目标定位，不局限在乡村区域层面。另一方面，培养院校的人才培养工作往往具有某种历史传统和教育模式，如果因为公费定向师范生教育而打破、抛弃、改造原有的优良经验，完全面向乡村区域而培养师范人才，那么将会造成传统的断裂和模式的丧失。于是，当乡村学校公费定向师范生计划停止招生以后，培养院校的人才培养工作需要重新开展，因而注重"区域"而非"乡

第三章 城市中心导向：公费定向师范生教育的文化偏向

村区域"在一定程度上为培养院校保留了自身优良的历史传统和教育模式，即使以后停止招收公费定向师范生，仍然可以按照优良经验培养人才。

（二）注重"教育"而非"乡村教育"

从理论上说，没有面向"乡村区域"的师范人才培养目标，绝不可能面向"乡村教育"而进行师范人才培养。"乡村区域"和"乡村教育"是对应的，"乡村区域"是"乡村教育"的条件和载体，"乡村教育"依托"乡村区域"而存在。离开了"乡村区域"、脱离于"乡村区域"而实施的教育活动，绝不可能是"乡村教育"，充其量是"关于乡村的教育"。既然公费定向师范生教育的培养目标具有注重"区域"而非"乡村区域"的特点，那么直接导致培养目标带有注重"教育"而非"乡村教育"的另一特点。注重"教育"而非"乡村教育"更加凸显了公费定向师范生培养重视以城市教师、城市生活、城市色彩为中心的普遍性知识，轻视以乡村教师、乡村生活、乡村底色为基础的地方性知识，继而表现出"向城市化"的发展趋势。

公费定向师范专业人才培养目标注重"教育"而非"乡村教育"，分为两种情况。其一，那些将公费定向师范生培养目标定位成"非乡村教师"的培养院校，不能说注重"教育"而非"乡村教育"，而是说在目标定位上完全摒弃了"乡村教育"，忽视"乡村教育"之于公费定向师范生的价值和意义。比如：某所培养院校把小学教育专业公费定向师范生的培养目标表述为："培养德、智、体、美、劳全面发展，热爱小学教育事业，具有先进教育理念、扎实教育理论基础和学科知识，具备良好教育教学技能以及一定的教育研究与创新能力，具有全科视野，并具备执教语文或数学相对专业优势的高素质小学教育工作者。"这样的目标定位，最起码就文

· 105 ·

本内容而言，与"乡村教育"几乎没有一丝联系。其二，那些将公费定向师范生培养目标定位成"乡村教师"的培养院校，有的非常重视"乡村教育"，有的仍然没有注重"乡村教育"，这在某种程度上加剧了注重"教育"而非"乡村教育"的发展程度。

先来看一个注重"乡村教育"的培养院校的情况（学校编码A2）。公费定向师范生的培养目标表述为："本专业立足大别山区域，面向安徽省，培养具有较好的思想政治素质与师德修养、较高的人文与科学素养，服务安徽基础教育事业，'下得去、留得住、教得好、有发展'的全科型乡村小学教师。"其部分目标内涵解释为："师德师风优良：思想政治素质过硬，落实党的教育方针，坚持立德树人，坚持依法执教；有道德情操，有仁爱之心，以身作则，率先垂范，表现出良好的教师职业形象。热爱乡村教育：坚守乡村教师岗位，融入乡村社会，关爱留守儿童，成为乡村学生健康成长的引路人；有强烈的进取意识和事业追求，积极投身于乡村学校教育改革与发展。教育素养良好：具有人文底蕴与科学精神，熟悉乡村小学教育的特点、规律和发展趋势，把握小学生身心发展和养成教育的规律，班级管理能力较强，育人工作得法，能有效开展家校合作。"从中不难发现，公费定向师范生的培养目标，既重视"教育"，又在其基础上重视"乡村教育"，实现了"教育"与"乡村教育"之间的平衡和交融。

再看一个没有注重"乡村教育"的培养院校的情况（学校编码A7）。公费定向师范生的培养目标表述为："本专业立足江苏、辐射全国，培养热爱小学教育事业，德智体美劳全面发展，师德高尚，具有生命教育理念与乡村教育情怀，人文与科学素养厚实，掌握主教与兼教学科的基本知识和技能，具备较强的小学教育教学能力、班级管理能力、教育教学研究能

第三章 城市中心导向：公费定向师范生教育的文化偏向

力与自主发展能力，能在小学及相关教育机构从事教育教学、教育科研和管理工作的优秀乡村教师。"然而，其目标内涵表述是："政治思想素质更加扎实过硬，从教信念更加坚定，师德修养更加高尚。擅长一门主教学科的教学，能胜任主教与兼教学科的教学工作，能整合多学科知识进行有效教学，成为小学优秀教师。从事小学班主任工作得心应手，能娴熟地组织与开展班级各项活动，有较强的学生思想工作能力。养成了良好的反思与研究习惯，在教书育人方面形成自己的风格，在教研科研方面有较为明确的研究方向。专业发展的目标与路径更加明确，自我知识更新、能力提升形成习惯。"从中不难看出，即使公费定向师范生的培养目标定位成"能在小学及相关教育机构从事教育教学、教育科研和管理工作的优秀乡村教师"，但在目标内涵解读中，并无凸显"乡村教育"之"乡村属性"，其实际上重视的是"教育"而非"乡村教育"。

（三）注重"教师"而非"乡村教师"

在注重"区域"而非"乡村区域"与注重"教育"而非"乡村教育"的双重裹挟之下，公费定向师范生教育难免呈现出注重"教师"而非"乡村教师"的发展结果。如前所述：在10所院校中，3所院校把小学教育专业公费定向师范生的培养目标定位成"乡村小学教师"，7所院校把小学教育专业公费定向师范生的培养目标定位成"小学教师"。"乡村小学教师"与"小学教师"是大大不同的。"乡村小学教师"是指任教乡村学校的小学教师，是面向乡村、面向乡村教育的小学教师，规定了教师工作生活和教师专业发展依赖的实践、社会、文化、生态等多种情境。"小学教师"是指任教小学的教师，既可以是乡村小学的教师，又可以是城市小学的教师，既是面向乡村、面向乡村教育的小学教师，又是面向城市、面向城市教育的小学教师。但在教师职前教育的"去乡村化"的整体趋势下，培养目标定位成"小学教师"暗藏着一种"城市化"取向。

客观来讲，凡是小学教育专业培养目标定位成"乡村小学教师"的公费定向师范生教育，在"毕业要求"的规定中，基本指向"乡村教师"的人才规格要求。比如："了解乡村教育现状，认可和接受当前乡村小学教师的地位和待遇，愿意回到乡村学校工作。同情和关爱乡村儿童，特别是留守儿童，认识到乡村教师之于乡村儿童健康发展的重要性，相信自己能够成为乡村儿童锤炼品格、学习知识、创新思维、奉献祖国的领路人，并为之努力学习，不断提高从教本领。"（学校编码A2）又如："理解小学教育工作的性质和意义，初步感受小学教师劳动的复杂性、长期性和创造性。特别对农村教育发展需求和公费师范生角色定位有较为清楚的认识；具有良好的职业认同，具备农村学校从教意愿，认同教师工作的意义和专业性，具有积极的情感、端正的态度、正确的价值观；形成正确的学生观、教师观和教育观。"（学校编码A4）

然而，凡是小学教育专业培养目标定位成"小学教师"的公费定向师范生教育，在"毕业要求"的规定中，基本指向"小学教师"的人才规格要求。比如："热爱社会主义祖国，拥护中国共产党的领导，热爱小学教育事业，具有良好的思想品德、社会公德和教师职业道德及求实创新精神。掌握小学教育相关理论知识，了解小学生身心发展的基本特点，熟悉小学教育教学的基本规律，具备当代小学教育的基本理念和方法。掌握汉语言文学的基本理论和基础知识，具有较好处理古今文字材料的能力，以及解读和分析古今中外文学作品的能力。掌握英语语言文学基本知识，熟练地掌握英语听、说、读、写的基本技能，具备一定的英语语言文化知识。掌握基本的教育研究方法，具有较强的小学教育教学研究能力和自主发展能力。具有较好的人文社会科学素养、健康的体魄、良好的心理素质、生活习惯、意志品质和应变能力。"（学校编码 A9）

基于小学教育专业培养目标定位发现，即便培养目标定位为"乡村小学教师"的确如其所是，但是注重"小学教师"而非"乡村小学教师"的培养院校占据多数。换句话说，注重"小学教师"而非"乡村小学教师"是当前小学教育专业公费定向师范生教育的主要培养模式。由此得出，注重"教师"而非"乡村教师"成为当前公费定向师范生教育的主流形态和发展特点。

二、"无乡土性"的课程体系

公费定向师范生教育的"城市化"作为一种教育实践结果，是教育目的与教育手段相互作用造成的。从教育实践要素来看，"培养目标"是"教育目的"，"课程体系"是"教育手段"。教育目的与教育手段两者之间关系表明："教育目的是先于教育手段的，或者说教育目的产生在前，教育手段产生在后，教育手段的产生因教育目的的产生而产生，从逻辑上看，教育目的是寻求教育手段的出发点。"[1] 依此而论，在公费定向师范生教育实践中，"培养目标"是构建"课程体系"的出发点，必须严格根据"培养目标"的要求，才可能去选择、组织安排并运用"课程体系"。同时，由于教育手段"不是自我规定的东西，它的规定性、职能是以其所要实现

---

[1] 吴全华. 论教育目的与教育手段的基本关系 [J]. 武汉科技大学学报（社会科学版），2017（3）：320-325.

的目的为依据",并且"必须依据目的状况的需要而定"①,故而致力于公费定向师范生培养的"课程体系"是以"培养目标"为依据而产生的,而且依据"培养目标"具体情况的需要而定。公费定向师范生的培养目标表现出"向城市化"定位特点,直接规定了课程体系的"向城市化"。基于国内小学教育专业人才培养方案的文本分析发现:公费定向师范生培养整体上表现出核心课程的"普遍知识"主导、课程模块的"地方知识"缺席、乡土课程的"无关大体"倾向的"无乡土性"之课程体系特点。

(一)核心课程的"普遍知识"主导

作为一种必不可少的教育手段,课程是实现公费定向师范生培养目标的关键所在。在课程体系当中,那些对培养目标的实现起着决定作用、能够促使公费定向师范生掌握专业核心知识和养成专业核心能力的课程,就是核心课程。"从词源看,核心课程是课程体系中居于核心位置的具有生成力的那部分课程,它与课程体系的其他部分(边缘课程)形成有机的、内在的联系。"②因此,核心课程在公费定向师范生课程体系中处于核心地位,同时决定着培养目标的实现。在随机抽取的10份人才培养方案中,核心课程整体表现出"普遍知识"主导的态势。

基于人才培养方案中公费定向师范生教育的课程体系分析发现,小学教育专业核心课程主要集中在专业教育课程模块中的学科类课程和教育类课程两个方面。不同学校的学科类核心课程包括小学语文课程与教学、小学数学课程与教学、小学英语课程与教学、小学语文教学设计、小学数学

---

① 聂凤峻.论目的与手段的相互关系[J].文史哲,1998(6):74-77.
② 张华.论核心课程[J].外国教育资料,2000(5):15-20.

第三章 城市中心导向：公费定向师范生教育的文化偏向

教学设计、现代汉语、儿童文学、初等数论、音乐基础、美术基础、绘画基础等；教育类核心课程包括教育学原理、中外教育史、教育心理学、小学心理学、小学教育学、小学德育论、小学课程与教学论、教育研究方法、小学班级组织与管理等（见表3-2）。无论是学科类核心课程，抑或是教育类核心课程，课程知识全都具有普遍意义。当然，学科类课程和教育类课程作为公费定向师范生教育的核心课程无可厚非，因为对于公费定向师范生培养来说，掌握主教学科（语文、数学或英语）与辅教学科（科学、美术或音乐）的基本理论和教学知识，理解小学教育的基本概念、基本原理、基本知识、基本技能，是自己成为一名小学教师的必备素养。但公费定向师范生教育培育的是乡村小学教师，有关乡村教育和乡村学校等地方性知识的课程应在核心课程中有一席之地。现实表明：很少有培养院校考虑到把乡村教育和乡村学校等地方性知识的课程纳入核心课程中（10所院校中仅有1所把"乡土课程开发"作为核心课程）。

比如：某所培养院校小学教育专业的核心课程主要有：教育学原理、中外教育史、教育心理学、小学心理学、小学教育学、现代教育技术、小学班队管理与实践、现代汉语、中国古典文学作品选读、儿童文学、写作、小学语文教学与研究、高等数学、初等数论、小学数学教学与研究、小学音乐教学与研究、小学美术教学与研究、儿童舞蹈创编、自然科学概论、人文科学概论、小学科学教学与研究、音乐基础、美术基础、教育研究方法等（学校编码A1）。在多达24门核心课程中，既有教育类核心课程，又有学科类核心课程，唯独没有一门有关乡村教育和乡村学校等地方性知识的课程。

表 3-2　国内小学教育专业人才培养方案中的核心课程/主干课程

学校编码	核心课程/主干课程
A1	教育学原理、中外教育史、教育心理学、小学心理学、小学教育学、现代教育技术、小学班队管理与实践、现代汉语、中国古典文学作品选读、儿童文学、写作、小学语文教学与研究、高等数学、初等数论、小学数学教学与研究、小学音乐教学与研究、小学美术教学与研究、儿童舞蹈创编、自然科学概论、人文科学概论、小学科学教学与研究、音乐基础、美术基础、教育研究方法等
A2	小学教育学、儿童发展与教育心理学、小学课程与教学论、小学语文课程与教学、小学数学课程与教学、小学班队原理与实践、教育研究方法、乡土课程开发
A3	普通心理学、中外教育史、小学教育学、课程与教学论、儿童发展与教育心理学、小学班级管理、小学语文教学设计、小学数学教学设计、现代汉语、儿童文学、初等数论、数学思想与方法、小学生心理辅导、小学教育科学研究方法
A4	教育概论、心理学、信息化教育技术、中外教育历史、教育心理学、教育科学研究方法、小学德育概论、课程与教学论、班级管理
A5	小学教育学、小学课程与教学原理、小学教育心理学、小学语文课程标准与教学设计、小学数学课程标准与教学设计、小学英语课程标准与教学设计、小学班队活动设计与指导、中国文学史、外国文学史、绘画基础、音乐基础
A6	基础心理学、教育原理、中外教育简史、发展心理学、教育心理学、小学德育论、汉语基础、文学通论、小学语文课程与教学论、初等代数研究、初等几何研究、小学数学课程与教学论、英语听说、英语写作、小学英语课程与教学论、小学班级组织与管理
A7	教育学原理、小学教育研究方法、小学教学设计与评价、小学教育心理学、中外小学教育史、小学各学科课程标准与教材分析、小学各学科教学法、小学班队原理与实践等
A8	儿童发展与教育心理学、小学教育学、小学班级管理、小学教育研究方法、小学语文教学设计与实施、小学数学教学设计与实施、现代汉语、中国古代文学、中国现当代文学、小学道德与法治教学设计与实施、自然科学、初等数论、小学科学教学设计与实施
A9	小学教育学、小学教育心理学、小学课程与教学论、综合英语Ⅰ~Ⅳ、英语听力Ⅰ~Ⅳ、现代汉语、中国文学Ⅰ/Ⅱ
A10	教育学原理、教育心理学、课程与教学论、儿童发展心理学、基础写作、现代汉语、儿童文学、古代汉语、中国古代文学、外国文学、中国现当代文学、小学语文课程标准与教材研究、小学语文教学设计、初等数论、解析几何、小学数学教学设计、小学数学课程标准与教材研究

乡村教育和乡村学校等地方性知识核心课程的缺失，是"普遍知识"主导核心课程的客观结果，折射出公费定向师范生教育的城市中心取向。

第三章　城市中心导向：公费定向师范生教育的文化偏向

在促进公费定向师范生专业发展的教育实践中，培养院校按照城市教师的发展诉求，更多地关注有关教师的公共性、普遍性知识的学习，把一般意义上的学科类知识、教育类知识作为公费定向师范生培养的核心课程，忽略了乡村教育和乡村学校等地方性知识的核心课程价值。核心课程的"普遍知识"主导将会造成公费定向师范生在入职前难以了解乡村地方性知识，入职后无法适应乡村教师岗位，对乡村教育、乡村生活、乡村儿童怀有较强的陌生感和疏离感。

（二）模块课程的"地方知识"缺席

"20世纪90年代后期，'平台+模块'渐趋成为我国高师院校课程结构体系的主流，结合'必修+选修'方式加以实施。"[1] 在当前承担公费定向师范生教育的培养院校课程体系中，"模块化课程"和"课程模块化"充斥于各个专业的人才培养方案中。"模块"是根据学生的个性要求、专业兴趣、专业方向而设置的相关课程。"模块课程"是能力本位课程观在课程体系中的一种表现，它主要在围绕专业培养目标的前提下而实现不同专业方向的人才分流培养，体现了专业导向的课程设计观念，实际上它解决的是高校教育的宽口径和社会分工的接口问题。从单纯的课程价值来说，"课程模块化有利于学生在动机最强烈的时候，选修最感需要、最有兴趣的内容学习"[2]。从公费定向师范生教育来看，模块课程能够满足把公费定向师范生培养目标定位成"乡村教师"的特殊需要。也就是说，公费定

---

[1] 袁强.教师教育类课程模块化设计与实施——基于卓越教师培养的视角[J].课程·教材·教法，2015（6）：109-115.

[2] 张民选.模块课程：现代课程中的新概念、新形态[J].比较教育研究，1993（6）：11-13.

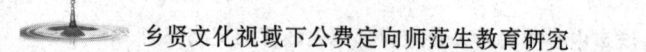

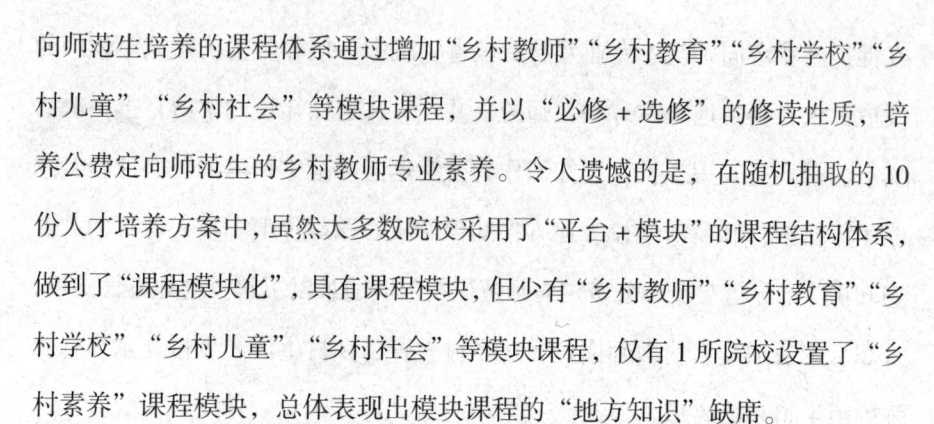

向师范生培养的课程体系通过增加"乡村教师""乡村教育""乡村学校""乡村儿童""乡村社会"等模块课程，并以"必修+选修"的修读性质，培养公费定向师范生的乡村教师专业素养。令人遗憾的是，在随机抽取的10份人才培养方案中，虽然大多数院校采用了"平台+模块"的课程结构体系，做到了"课程模块化"，具有课程模块，但少有"乡村教师""乡村教育""乡村学校""乡村儿童""乡村社会"等模块课程，仅有1所院校设置了"乡村素养"课程模块，总体表现出模块课程的"地方知识"缺席。

在公费定向师范生教育实践中，即便个别培养院校设置了"乡村教师""乡村教育""乡村学校""乡村儿童""乡村社会"等课程模块，但其课程数量、课程内容、课程地位也相对薄弱。比如：那所设置"乡村素养"课程模块的培养院校，总体上把所有课程分为思想政治教育、体育与国防教育、交流表达与信息素养、人文与科学素养、教师教育课程、学科专业课程等20个课程模块。其中（见表3-3），教师教育课程和学科专业课程2个模块依托专业教育课程的教育平台，教师教育课程模块又分为6个子模块。模块1：基础素养（必修）；模块2：教学素养（必修）；模块3：管理素养（必修）；模块4：信息素养（选修）；模块5：研究素养（选修）；模块6：乡村素养（选修）。"乡村素养"课程模块包含三门选修课程：乡土课程开发、安徽乡村教育改革与发展以及乡村教育运动思想与实践。从中不难发现，"乡村素养"课程模块只是教师教育课程模块的一个子模块，而且修读性质是"选修"，同时"乡村素养""信息素养""研究素养"三个课程模块共占8学分。凡此种种，都揭示出"乡村素养"课程模块的次要性，从知识论角度看，是轻视"地方知识"的重要性。

表 3-3　课程模块设置与学分安排（学校编码 A2）

教育平台	课程模块	修读学分安排	修读性质	占总学分（%）	
通识教育课程	思想政治教育	16	必修	10.7%	28.7%
		2	选修	1.3%	
	体育与国防教育	6	必修	4%	
	交流表达与信息素养	4	必修	2.7%	
	人文与科学素养	15	选修	10%	
专业教育课程	教师教育课程	模块1：基础素养	32	24	必修	16%	21.3%
		模块2：教学素养					
		模块3：管理素养					
		模块4：信息素养		8	选修	5.3%	
		模块5：研究素养					
		模块6：乡村素养					
	学科专业课程	模块7：学科素养	52.5	40.5	必修	27%	35%
				12	选修	8%	

（三）乡土课程的"无关大体"倾向

如果公费定向师范生培养过程中出现核心课程的"普遍知识"主导与课程模块的"地方知识"缺席，则实际反映出"乡村教师""乡村教育""乡村学校""乡村儿童""乡村社会"等乡土类课程或者说地方性知识，在培养院校的师范教育中是无关紧要的、无关大体的，即公费定向师范生教育中乡土课程的"无关大体"倾向。乡土课程的"无关大体"倾向意味着培养院校没有认清乡土类课程或者说地方性知识之于公费定向师范生的真正价值，依照城市中心取向的教育价值观念培育公费定向师范生，传授其普遍性的教育科学知识，忽略了科学知识、乡村教师与地方性知识三者之间的关系。

进一步说，3所把公费定向师范生培养目标定位成"乡村教师"的培养院校，他们对待乡土课程的态度，同样消极，"无关大体"倾向同样存在，这在3所院校人才培养目标定位与核心课程/主干课程的对应情况中可见一斑（见表3-4）。比如编码A4的培养院校，其人才培养目标定位是贯彻落实党的教育方针和国家教师教育政策要求，以"立德树人"为核心，立足青岛，面向山东，培养政治立场坚定，热爱教育事业，具有良好的师德修养和教育情怀、宽广的学科基础和科学人文素养、系统的教育理论知识和扎实的专业技能，具有终身发展意识和潜质，能胜任小学多门课程教学任务，承担基本的教育管理与研究工作的复合型乡村骨干教师。但在"教育概论、心理学、信息化教育技术、中外教育历史、教育心理学、教育科学研究方法、小学德育概论、课程与教学论、班级管理"等9门核心课程中，没有一门与乡土类课程或者说地方性知识有着直接关系。编码A7的培养院校如出一辙。编码A2的培养院校情况略好，在"小学教育学、儿童发展与教育心理学、小学课程与教学论、小学语文课程与教学、小学数学课程与教学、小学班队原理与实践、教育研究方法、乡土课程开发"等8门核心课程中，占据了"一"席之地。目标是培养乡村教师，但核心课程中没有关涉乡村教师的课程，前后矛盾暂且不说，轻视乡土课程、认为乡土课程"无关大体"的情况肯定存在。

表3-4　人才培养目标定位与核心课程/主干课程的对应情况

学校编码	A2	A4	A7
人才培养目标定位	本专业立足大别山区域，面向安徽省，培养具有较好的思想政治素质与师德修养、较高的人文与科学素养，服务安徽基础教育事业，"下得去、留得住、教得好、有发展"的全科型乡村小学教师	贯彻落实党的教育方针和国家教师教育政策要求，以"立德树人"为核心，立足青岛，面向山东，培养政治立场坚定，热爱教育事业，具有良好的师德修养和教育情怀、宽广的学科基础和科学人文素养、系统的教育理论知识和扎实的专业技能，具有终身发展意识和潜质，能胜任小学多门课程教学任务，承担基本的教育管理与研究工作的复合型乡村骨干教师	本专业立足江苏、辐射全国，培养热爱小学教育事业，德智体美劳全面发展，师德高尚，具有生命教育理念与乡村教育情怀，人文与科学素养厚实，掌握主教与兼教学科的基本知识和技能，具备较强的小学教育教学能力、班级管理能力、教育教学研究能力与自主发展能力，能在小学及相关教育机构从事教育教学、教育科研和管理工作的优秀乡村教师

第三章　城市中心导向：公费定向师范生教育的文化偏向

续表

学校编码	A2	A4	A7
主干课程/核心课程	小学教育学、儿童发展与教育心理学、小学课程与教学论、小学语文课程与教学、小学数学课程与教学、小学班队原理与实践、教育研究方法、乡土课程开发	教育概论、心理学、信息化教育技术、中外教育历史、教育心理学、教育科学研究方法、小学德育概论、课程与教学论、班级管理	教育学原理、小学教育研究方法、小学教学设计与评价、小学教育心理学、中外小学教育史、小学各学科课程标准与教材分析、小学各学科教学法、小学班队原理与实践等

客观来说，公费定向师范生教育纵然轻视乡土类课程或者说地方性知识，然而，并不等于说乡土类课程或者说地方性知识完全被束之高阁。所谓"无关大体"的倾向，是一种无关紧要的认识态度。在随机抽取的10份人才培养方案中，大部分培养院校的课程设置和教学进程中，存在1~2门必修或者选修性质的乡土类课程，如农村教育概论、农村教育热点问题、农村留守儿童问题研究、农村教师专业发展等。如此一来，乡土类课程正好成为城市中心取向教育价值观念之下的"无关大体"的地方性知识。

第三节　公费定向师范生教育的"城市化"后果

不可否认，公费定向师范生教育的"城市化"现象具有积极意义，可以促使公费定向师范生掌握先进的教育教学知识，体验城市教育生活的开放与创造，领略教育科学研究的沉思和冥想。然而，"城市化取向的中国教育取得了巨大的成就，但也存在着一些不足，其中最根本的就在于它制造了城乡之间的隔膜乃至对峙，用陶行知先生的话来说，它让人们厌恶农村，离开农村"。①城市中心取向的公费定向师范生教育同样具有消极后果，普遍知识、去乡村化、向城市化牵引着公费定向师范生的欲望，忽略了地方知识、乡土情怀、精神家园之于公费定向师范生的重要意义，脱离了乡村教师发展的成长谱系。

一、城市教育价值观的胜利与地方知识的压制

"城市化"公费定向师范生教育背后是城市教育价值观的指引，故而所培养教师的专业知识、专业素质、教学技巧及角色认同等更适合城市学校。本真意义上的公费定向师范生教育旨在造就乡村教师，而"城市化"公费定向师范生教育促进公费定向师范生专业发展的各种举措，以城市教育价值观念为核心，指向一种城市教师专业素养的提升，把公费定向师范生专业发展简单廓清为教师素养标准，忽略了城市教师与乡村教师之间的差别，更没有顾及乡村教师培养的独特性。"城市化"公费定向师范生教育把培育乡村教师沦为城市教师的模仿，使公费定向师范生培养模式客观化。这是城市教育价值观的胜利。

对公费定向师范生来说，想要发展成为乡村教师，必须具备地方性知识。相对于城市教育价值观所宣扬的、实现教师素养标准的技术程序之普遍知识，地方性知识是对乡村教育、乡村学校、乡村儿童、乡村社会的认知、体验和感受，是具有乡土气息、乡土色彩、乡村文化的知识，是体现乡村环境特殊性的知识。只有公费定向师范生理解和掌握了地方性知识，才可以知道城市教师与乡村教师两者之间的实质性差异，进而提高在乡村工作和乡村生活的能力。没有地方性知识的参与和支持，公费定向师范生只能

---

① 魏曼华.教育内容城市化：精英教育还是大众教育？[J].中国教师，2004（5）：6-8.

第三章　城市中心导向：公费定向师范生教育的文化偏向

机械地把所掌握的折射城市教育价值观的普遍知识，复制、应用到乡村教育、乡村儿童、乡村学校上，缺乏从一般到具体的过程，无法实现普遍知识与乡村情境的有效结合。

城市教育价值观的胜利，意味着公费定向师范生培养与乡村教育环境认知和体验的分离，与地方性知识体系的割裂。"离开特定的情境和用法，知识的价值和意义便无法得到确认。如今的高等教育经常面临这样的尴尬，学生还尚未跨出校门，他们所掌握的知识就已经过时了。当然不是说它们错了。一种明智的培养目标，与其是让学生掌握确定为真的知识，不如让他们掌握重构科学叙事的能力。他们必须学会改变原有的知识以适应新的情境的方法。"[①] 离开城市教育情境和城市学校场景的"城市化"教育教学知识，很难在乡村教育情境和乡村学校场景中发挥实际效用。然而，公费定向师范生的"城市化"取向从整体上构成了对公费定向师范生之乡村教师属性的遮蔽，地方性知识的特质在公费定向师范生培养中无从显现，遭受压制。

二、乡村教育责任感的淡化与逃离乡村的涌现

乡村学校公费定向师范生教育计划意在铸造一支"下得去、留得住、教得好、有发展"的乡村教师队伍，"下得去、留得住、教得好、有发展"更是指向打造长期任教、终身任教、坚守乡村、奉献乡村的教师队伍，打造认识、理解、追寻、担负乡村教育责任的教师队伍。"责任感是乡村教师立足自身的工作岗位，清楚地认识到自己所承担的乡村教育事业在国家发展中的战略意义和价值之后，所产生的浮士德式的'我们不下地狱谁下

---

① 盛晓明.地方性知识的构造[J].哲学研究，2000（12）：36-44.

地狱'的豪情和气概,以及勇于肩负乡村教育发展重任的担当感和使命感。"① 在公费定向师范生培养中,公费定向师范生对城市取向教师教育的主动学习和被动适应的过程,本身也是一种远离乡村教育、抽离乡土情怀、丧失乡村教师能力与素质的过程。"城市化"公费定向师范生教育对乡村教师培养目标疏远,对乡村教育情怀唤醒不足,且在应接不暇的"城市化"浸染中无法逆转,直接导致公费定向师范生乡村教育责任感淡化。

进一步说,"城市化"公费定向师范生教育,无论是在培养目标定位上,抑或是在课程体系结构中,缺乏对乡村教育能力和乡村教育知识的重视,培养乡村教师的教育话语正逐渐远离公费定向师范生的培养场域,公费定向师范生怀有的"乡土意识"逐渐被"城市情结"取代,加之公费定向师范生乡土情怀不足,直接造成原有的乡土文化情感和乡土教育意识随之弱化,无法保持心灵深处那份对乡村教育的热爱与崇高感。乡土教育能力与乡村教育知识的缺失、乡土文化情感和乡土教育意识的弱化、"城市化"的公费定向师范生这一潜在成为乡村教师培养的主体,同时切断着公费定向师范生与乡村教育之间的内在关联,乡村学校退化成他们养家糊口的工作地点,乡村儿童演化为他们契约规定的服务对象,乡村教师则变成他们贩卖文化知识和传授考试技艺的教书匠,进而乡村教育的责任感因之被极大地弱化。

公费定向师范生毕业后的就业去向是乡村学校。如果公费定向师范生带着乡村教育使命感薄弱的心理任教于乡村学校,带着对所去乡村学校的陌生感和疏离感生活于乡村社会,同时自身的"地方性"教育教学知识又相对缺乏,想必这样的公费定向师范毕业生,既存在难以胜任乡村教师工

---

① 马多秀.乡村教师的乡土情怀及其生成[J].教育理论与实践,2017(13):42-45.

第三章 城市中心导向：公费定向师范生教育的文化偏向

作的无力感，又会产生难以平复的对乡村社会生活的厌倦感。如果公费定向师范毕业生无法享受到乡村教师工作的幸福感和获得感，如果公费定向师范毕业生总是生活于劳苦奔波的生活惯性之中，工作的不如意与生活的不满意，将会促使他们涌现逃离乡村的想法。或许现实面前，受制于契约机制的强制性，公费定向师范毕业生难以逃离，然而，一旦涌现逃离乡村的欲望，即使"身"在乡村，但"心"已离场。

三、精神家园归属感的飘摇与知识分子的忧郁

作为乡村社会的知识分子和文化精英，乡村教师本是乡村社会的信仰者、思想者与燃灯者。对于真正拥有深厚乡土情怀和强烈乡村教育责任感的公费定向师范毕业生来讲，成为乡村教师、从事乡村教育、教化乡村儿童、引领乡村文明是他们的担当和使命。落后的乡村教育、偏远的乡村学校、求知的乡村儿童，正是他们要改造的对象。在发扬实干兴邦的今天，公费定向师范毕业生能够从这种艰难的改造过程中获得职业幸福和生命快乐，服务乡村教育事业的过程亦是实现自己人生理想的过程，进而找到了安身立命的精神家园。

然而，"城市化"公费定向师范生教育以城市中心取向教育价值观的胜利气焰，烧没了公费定向师范生的乡村教育责任感。"在物质主义和犬儒主义泛滥的今天，我们更需要一个以文化、语言、社会关系为中介，自我主体与对象主体共通而得以建构的生活世界。融入，使我们找到丰富的精神家园。"[①] 缺少乡村教育想象和乡村教育责任的公费定向师范生，在任教乡村学校以后，难以融入乡村社会和乡村教育的世界之中，难以主观

---

① 张立平，王德洋.师范生乡土情怀培养的思考[J].山东高等教育，2020（2）：88-92.

体验而感同身受地理解乡村教育发展和乡村儿童成长的战略意义，难以把教书育人当作人生追求和职业理想，最终成为"身"在乡村的"异乡人"，精神和心灵找不到归属，最终在乡村世界中飘摇无定。

从政策初衷来看，公费定向师范生教育应当引导公费定向师范生为乡村教育的美好未来竭尽所能。同时，公费定向师范生要做到因乡村而来，与乡村同在，同乡村共美，以乡村知识分子的光辉形象诗意地栖居在乡村大地上。如果公费定向师范毕业生发生精神家园归属感的飘摇，将会直接带来一种"知识分子的忧郁"。"知识分子患有忧郁症。这个世界令他痛苦，他想表达自己的痛苦，最终却变成了自我折磨，因为他只会思考而无法付诸行动。知识分子是'有思想的不幸者'。"[1] 对于将来到乡村学校任教的公费定向师范生，假如缺少与乡村社会同在的意志、没有成为优秀乡村教师的鹄的、丧失从事乡村教师作为美好幸福生活开端的追求，他们必会感到乡村教育的现实世界带来的深深的无力感、失落感和挫折感，遭遇生理的、心理的、精神的自我折磨。

本章结语

受制于教育现代化进程的宏大叙事，公费定向师范生教育存在城市中心导向的文化偏向。但文化偏向不仅仅是社会存在的被动反映，也不是完全预先给定的，而是由公费定向师范生培养产生的教育行为建构与创造的。在教育者建构、创造的公费定向师范生教育实践中，培养院校制定的培养

---

[1] [德] 勒佩尼斯. 何谓欧洲知识分子：欧洲历史中的知识分子和精神政治 [M]. 李焰明，译. 桂林：广西师范大学出版社，2011：20.

第三章 城市中心导向：公费定向师范生教育的文化偏向

目标和课程体系始终都是十分活跃的力量，两者表征了公费定向师范生教育的"城市化"现象。无论如何城市化，乡村是不会消失的。无论公费定向师范生教育如何"城市化"，乡村教育是不会消失的。因此，公费定向师范生教育不能且不应朝着"城市化"的方向发展和前进。

相信在未来一段时间，乡村学校的条件无论如何发展与变化，极大概率是赶不上城市学校的。"城市化"公费定向师范生教育的确让公费定向师范生掌握了教育学真理，但"地方性知识"的缺席，使得来到乡村的他们感觉自己所学教育教学知识大多数无法应用，教育教学能力得不到发挥。公费定向师范生教育的"乡土性"缺失，导致公费定向师范生从培养院校的教育活动中学到的教育教学理念，与乡村教师的生活世界显得格格不入，使他们难以适应乡村教育。在"城市化"公费定向师范生教育的浪潮中，公费定向师范毕业生自然萌发出"背离乡土"的想法，"留不住""教不好""无发展"现象实在情理之中。

公费定向师范生教育实践应该区别于普通的师范生。无论是在人才培养目标定位上，还是在课程体系结构中，凸显"乡土性"是化解"城市化"公费定向师范生教育的纲领性指导思想。或许，从"城市化"转变为"乡土化"，能够迅速扭转公费定向师范生教育的文化偏向。但从一端到另一端，同样是另一种意义上的文化偏向。保持"城市化"与"乡土化"之间的平衡与融合，才是公费定向师范生教育的生存之道。公费定向师范生教育既要对公费定向师范生的前途有着深切的关怀，又要对乡村教育的发展有着热忱的责任。

第四章 乡土情怀不足：
公费定向师范生教育的内在隐忧

乡贤是在"乡"之贤，对于那些出生于乡土或成长于乡土或生活于乡土的乡贤来讲，他们对乡土文化和乡土社会有着深切的体验和经历，因而乡村生活和乡土文化是乡贤生命成长的底色，乡贤文化强调个体的乡土情怀养成。在乡村教师的生活世界中，乡土情怀主要是指乡村教师内心深处对乡村教育的关切、对乡村儿童的关爱、对乡村文化的关心、对乡村社会的关注，并在此基础上形成对乡村教育事业和乡村振兴发展的责任感、使命感以及担当感，最终展现出一种思想深邃、勇于担当、积极作为、完善自我、家国情怀的乡村知识分子形象。浓厚和深切的乡土情怀之于乡村教师，具有重要且独特的意义和价值。"乡土情怀既是乡村教师坚守和奉献乡村教育的情感基础，也是他们关爱乡村孩子和创造性地开展教育教学活动的内在动力之源。"[①] 因此，只有具有浓厚乡土情怀的乡村教师，才会

---

① 马多秀.乡村教师的乡土情怀及其生成［J］.教育理论与实践，2017（13）：42-45.

第四章 乡土情怀不足：公费定向师范生教育的内在隐忧

真正对乡村教育、乡村儿童、乡村文化和乡村社会充满责任感和使命感，才会身心扎根于乡村社会、坚守于乡村学校、奉献于乡村教育。因为乡村学校公费定向师范生教育计划旨在培育一批"下得去""留得住""教得好""有发展"的乡村教师，所以作为未来乡村教师的重要来源之一，公费定向师范生是否养成浓厚和深切的乡土情怀，就显得非常重要。如何探测公费定向师范生是否具有乡土情怀？本章主要运用实证研究方法，通过分析公费定向师范生的"入学动机"和"学业成就"，剖析其乡土情怀发展状况。研究发现，公费定向师范生表现出为"免费教育"而来的第一入学动机，持"专业至上"而学的学业成就观念，整体上乡土情怀略显不足。公费定向师范生乡土情怀不足，遂成为公费定向师范生教育的一个内在隐忧，关系到乡村学校公费定向师范生教育计划目的的有效达成。

第一节 公费定向师范生入学动机调查

乡村学校公费定向师范生教育计划旨在培育一批"下得去""留得住""教得好""有发展"的乡村教师。塑造具有深厚乡土情怀的教师队伍，是乡村学校公费定向师范生教育政策的内在要求。职是之故，公费定向师范生是否具有乡土情怀，成为塑造未来乡村教师深厚乡土情怀的关键所在。而入学动机是公费定向师范生出于何种目的、何种考虑、何种想法报考公费定向师范专业，以及其在报考过程中受到了哪些因素影响的一种表现。厘清与剖析公费定向师范生的入学动机及其影响因素，能够在一定意义上了解他们选择报考公费定向师范专业的原因，是否奔着"公费"而来，或是因为就业有保障，抑或真正具有任教乡村的教育情怀与职业理想。换句话说，入学动机能够探测出公费定向师范生是否因为对乡村教育有所关切、对乡村儿童有所关爱、对乡村文化有所关心、对乡村社会有所关注而选择报考公费定向师范专业，即公费定向师范生是否具有乡土情怀、具有什么程度的乡土情怀。对此，本研究运用问卷与访谈等调查研究法，以 Z 省为例全面分析公费定向师范生的入学动机，进而了解公费定向师范生是否具有乡土情怀、具有什么程度的乡土情怀。

一、调查设计：对象与工具

调查对象是 Z 省 2018 级本科层次的公费定向师范生。本研究采取抽样调查方法，在 Z 省 5 所高校 3100 名本科层次的公费定向师范生当中随机抽取 725 人进行调查，共计回收有效问卷为 639 份，有效回收率为 88.14%。其中：男生 200 人，占有效调查人数的 31.30%，女生 439 人，占有效调查人数的 68.70%；小学教育专业有效调查人数为 395 人，占有效调查人数的 61.82%，体育教育专业有效调查人数为 41 人，占有效调查人数的 6.42%，特殊教育专业有效调查人数为 42 人，占有效调查人数的 6.56%，美术学专业有效调查人数为 74 人，占有效调查人数的 11.58%，音乐学专业有效调查人数为 87 人，占有效调查人数的 13.62%。调查数据显示，有效调查人数中 333 人生活于农村家庭，占有效调查人数的 52.11%；306 人生活于非农村家庭，占有效调查人数的 47.89%（见表 4-1）。

第四章 乡土情怀不足：公费定向师范生教育的内在隐忧

表 4-1 调查对象基本情况统计

项目	类别	有效调查人数（人）	占有效调查人数的百分比
性别	男	200	31.30%
	女	439	68.70%
专业	小学教育	395	61.82%
	体育教育	41	6.42%
	特殊教育	42	6.56%
	美术学	74	11.58%
	音乐学	87	13.62%
家庭地址	农村	333	52.11%
	乡镇	107	16.74%
	中小城市	175	27.39%
	大城市	24	3.76%

调查工具主要是改编式问卷和访谈提纲。在参考李高峰博士所编制的"免费师范生报考免费师范专业的动机的调查问卷"基础上，"本科公费定向师范生入学动机调查问卷"得以编制而成。[①] 问卷分为三部分，第一部分为学生基本情况调查；第二部分为学生报考公费定向师范专业的可能动机调查，每道题目的选项分别为"完全不符合""比较不符合""不确定""比较符合"和"完全符合"，统计时采用 5 点计量法，分别赋值 1、2、3、4、5，运用 SPSS 19.0 统计软件进行数据录入和统计分析；第三部分为开放题，题为"你是否后悔选择成为公费定向师范生？如果是，理由是什么？"问卷经过试测修正后，再进行正式调查，质量较高。"本科公费定向师范生入学动机调查问卷"内部一致性系数是 0.832，大于 0.8，达到了对问卷信度的基本要求；KMO 系数为 0.801，大于 0.8，而 Bartlett 检验显著，很适合进行因子分析。访谈提纲以本科公费定向师范生入学动机等问题为主题，设计成了考查学生入学动机情况的非结构式访谈。访谈提纲如

---

① 李高峰. 免费师范生三大报考动机的调查研究［J］. 教育科学，2011（2）：24-29.

下：询问个人家庭情况（来自哪里，父母是做什么的，家庭成员等）；谈下专业学习的感受和未来职业生涯的发展（交谈中询问对选择公费师范生的看法）；通过何种途径知道公费定向师范教育政策的，当时有何想法，高考志愿填报的前后过程（重点了解哪些事、哪些人或哪些因素、哪些考虑，促使其做出填报公费定向师范专业的选择，此问题是重点，要深入细致地了解访谈对象为什么选择公费定向师范专业）；如果有重新选择高考志愿填报的机会，会怎么做。在正式访谈前，随机抽选了5个专业共计10名公费定向师范生进行测试。

二、研究结果：数据与分析

（一）入学动机的关联性

从入学动机的关联性而言，公费定向师范生报考公费定向师范专业的主要动机共有四个："经济补贴""就业保障""他人影响"以及"乡村教师职业理想"。具体而言，运用SPSS统计软件，在因子分析与主成分分析的基础上，将初始共同因子中方差较小的因子排除，旋转后的成分矩阵表明：四个维度的累计方差达到了71.534%，较好地解释了主要成分的方差（见表4-2）。其中"经济维度"的特征值是2.204，解释方差高达31.479%，与公费定向师范生报考公费定向师范专业的关系最为密切，关联性最强，其动机表现是"经济补贴"。"就业维度"的特征值是1.286，解释方差为15.518%，与公费定向师范生报考公费定向师范专业的关联性较强，其动机表现是"就业保障"。"他人维度"的特征值为1.123，解释方差为13.189%，关联性为第三位。"职业维度"的特征值为1.094，解释方差为11.348%，与公费定向师范生报考公费定向师范专业关联性较弱

第四章 乡土情怀不足：公费定向师范生教育的内在隐忧

简单来说，公费定向师范生乐意成为一名乡村教师、热爱乡村教育事业、关心乡村社会发展的入学动机水平较弱，即乡土情怀较为薄弱。四个维度的累计方差达到了 71.534%，能够较好解释公费定向师范生报考公费定向师范专业的主要动机因素。

表 4-2 旋转后各维度的特征值、解释方差和累计方差

维度	因子	动机	特征值	解释方差 %	累计方差 %
经济	1. 大学（非公费定向师范专业）学杂费太高 2. 公费定向师范生可免缴住宿费 3. 公费定向师范生可免缴学费 4. 公费定向师范生可享受每月的生活补贴 5. 家庭经济负担重	经济补贴	2.204	31.479	31.479
就业	6. 公费定向师范生毕业后有就业保障 7. 目前的就业状况不佳，工作不好找 8. 教育行政部门为公费定向师范生落实就业	就业保障	1.286	15.518	46.997
他人	9. 父母、亲朋好友的支持和劝导 10. 当时身边有同学/朋友也报考了公费定向师范专业	他人影响	1.123	13.189	60.186
职业	11. 热爱教育事业，做一名教师是自己的理想 12. 希望自己能为家乡的教育事业做一点贡献	乡村教师理想	1.094	11.348	71.534
成绩	13. 我的高考成绩不突出，不是特别好 14. 实行提前批次录取，有更多录取机会 15. 我的高考成绩不够上省内外名校	增加录取机会	0.756	10.796	
学校	16. 实施相关政策的高校名誉度较高	学校名誉度高	0.623	8.898	
政策	17. 教师职业福利待遇越来越好 18. 公费定向师范生所签订的合同条件比较容易接受 19. 公费定向师范毕业生能够回到生源所在地任教	政策条件易接受	0.614	8.772	

（二）入学动机的强弱性

从入学动机的强弱性水平来看，公费定向师范生的主要入学动机依次是"经济补贴""就业保障""他人影响""乡村教师理想"（见表 4-3）。

其中:"经济补贴"动机因子均值为4.39,介于赋值4(比较符合)与5(完全符合)之间,入学动机水平最强烈。"就业保障"动机因子均值为4.11,略高于赋值4,其强度水平位于第二位。"他人影响"动机因子均值3.98,低于赋值4,其强度水平位于第三位。"乡村教师理想"动机因子均值仅为3.64,介于赋值3(不确定)与4(比较符合)之间。可以看出,公费定向师范生对认同乡村教师职业和服务乡村教育事业的态度"不确定"或者说"不明朗",反映热爱乡村教育、关心乡村社会的"乡村教师理想"动机水平明显不强。也就是说,公费定向师范生是在并未具有浓厚乡土情怀的情况下,选择就读公费定向师范专业的。

表4-3 入学动机的Spearman相关分析

动机	N	均值	标准差	有经济补贴	有就业保障	他人影响	乡村教师理想
经济补贴	639	4.39	0.875	1.000 0.000	0.368** 0.000	0.162** 0.000	0.117** 0.003
就业保障	639	4.11	0.779	0.368** 0.000	1.000 0.000	0.229** 0.000	0.125** 0.002
他人影响	639	3.98	0.892	0.162** 0.000	0.229** 0.000	1.000 0.000	0.061 0.124
乡村教师理想	639	3.64	0.978	0.117** 0.003	0.125** 0.002	0.061 0.124	1.000 0.000

**.在置信度(双侧)为0.01时,相关性最高。

(三)入学动机的相关性

在统计学中,斯皮尔曼等级相关系数即Spearman相关系数,是衡量两个变量的依赖性的非参数指标,利用单调方程评价两个统计变量的相关性。由表4-3可知,Z省公费定向师范生的"经济补贴"与"就业保障"两个动机之间的Spearman相关系数为0.368**,具有显著相关性($P<0.01$);

第四章 乡土情怀不足：公费定向师范生教育的内在隐忧

"经济补贴"与"他人影响"两个动机之间的 Spearman 相关系数为 0.162**，具有显著相关性（$P < 0.01$）；"经济补贴"与"乡村教师理想"两个动机之间的 Spearman 相关系数为 0.117**，具有显著相关性（$P < 0.01$）；"就业保障"和"他人影响"两个动机之间的 Spearman 相关系数为 0.229**，具有显著相关性（$P < 0.01$）；"就业保障"与"乡村教师理想"两个动机之间的 Spearman 相关系数为 0.125**，具有显著相关性（$P < 0.01$）。四个主要入学动机因素之中，两两之间均存在显著的相关性。从中可以发现，公费定向师范生"乡村教师理想"之入学动机可以随着"经济补贴""就业保障""他人影响"三个动机水平的增强而增强，反之亦可。以此来看，大力增加"两免一补"、积极推动"就业保障"、持续加强"他人影响"，能够提升公费定向师范生对乡村教育的关切、对乡村儿童的关爱、对乡村文化的关心、对乡村社会的关注，唤醒且强化其乡土情怀。

（四）入学动机的差异性

首先，入学动机的性别差异。总体来说，Z 省公费定向师范生的主要入学动机全都没有表现出显著的性别差异（见表4-4）。比如：在"经济补贴"入学动机因素上，男女生均值分别为 4.43、4.37，介于赋值 4（比较符合）和 5（完全符合）之间，尽管两者的入学动机水平较强，但并不存在显著差异（$P > 0.05$）。又如：在"就业保障"入学动机因素上，男女生的均值分别为 4.09 和 4.12，都略高于赋值 4（比较符合），男女之间也不存在显著差异（$P > 0.05$）。再如：在"乡村教师理想"动机因素上，男生和女生的均值分别为 3.74 和 3.59，介于赋值 3（不确定）与 4（比较符合）之间，虽然动机水平较弱，但同样不存在性别差异（$P > 0.05$）。然而，男生的"乡村教师理想"略高于女生，表明男生的乡土情怀略强于女生。按此调查数据，在乡村女性教师比例偏大、乡村教师性别比例矛盾突出的现实背景下，鼓励男性优秀毕业生报考公费定向师范生，合理扩大乡村男性教师的定向培养数量，既能够逐步优化乡村教师的性别结构，又可以整体提升乡村教师的乡土情怀。

表4-4 不同性别的公费定向师范生入学动机的 T 检验

动机	性别	N	均值	标准差	T值	P值（双侧）
经济补贴	男	200	4.43	0.811	0.787	0.432
	女	439	4.37	0.902		
就业保障	男	200	4.09	0.858	-0.393	0.694
	女	439	4.12	0.742		
他人影响	男	200	3.95	0.971	-0.657	0.512
	女	439	4.00	0.855		
乡村教师理想	男	200	3.74	0.905	1.714	0.087
	女	439	3.59	1.007		

其次，入学动机的专业差异。在专业方面，Z省公费定向师范生的"经济补贴"和"就业保障"两个入学动机因素并不存在显著差异（$P > 0.05$，见表4-5）。但各个专业的"经济补贴"入学动机均值全都远高于赋值4（比较符合），入学动机水平较强；同时，"乡村教师理想"入学动机均值全都低于赋值4（比较符合），入学动机水平较弱。不难看出，任何一个专业的公费定向师范生，相较于受"两免一补"经济优惠政策之较强影响，其受热爱乡村教育、关心乡村社会的乡土情感因素影响较弱，即"乡村教师理想"动机水平反映出他们乡土情怀意识不强。公费定向师范生的"他人影响"和"乡村教师理想"两个入学动机因素上存在显著差异（$P < 0.01$）。其中：音乐学、体育教育、美术学三个专业的公费定向师范生在"他人影响"与"乡村教师理想"两个动机上显著高于小学教育和特殊教育两个普通类专业。访谈发现：乡村地区音体美科目教育较为落后，音体美教师严重缺乏，音体美专业的公费定向师范生任教乡村可以"大有作为"，展现自我的专

第四章 乡土情怀不足：公费定向师范生教育的内在隐忧

业能力和生命价值，加之音体美教师较少受到应试教育的制约，教学压力不是很大，进而造成他们具有较强的"乡村教师理想"入学动机水平。

表4-5 不同专业的公费定向师范生入学动机的方差分析

动机	小学教育（N=395）	体育教育（N=41）	特殊教育（N=42）	美术学（N=74）	音乐学（N=87）	F	P
经济补贴	(N=74)	音乐学	4.50±0.59	4.57±0.70	4.49±0.81	1.798	0.128
就业保障	(N=87)	3.98±0.85	3.93±0.74	4.03±0.682	4.20±0.94	1.464	0.212
他人影响	3.98±0.87	4.02±0.79	3.40±1.03	4.18±0.747	4.08±0.94	5.719	0.000
乡村教师理想	3.50±0.99	3.98±0.93	3.62±1.05	3.77±1.001	3.89±0.73	6.240	0.000

* $p < 0.05$，** $p < 0.01$。

再次，入学动机的家庭住址差异。乡村家庭与城市家庭的公费定向师范生，在"就业保障""他人影响"以及"乡村教师理想"三个入学动机因素上，没有表现出来显著性差异（$P > 0.05$，见表4-6），但"经济补贴"入学动机因素存在显著性差异（$P < 0.01$）。来自乡村地区（农村和乡镇）的公费定向师范生，其"经济补贴"入学动机水平较强，显著高于非乡村地区（中小城市、大城市）的公费定向师范生。不同家庭住址的公费定向师范生"经济补贴"和"就业保障"两个入学动机均值全部高于赋值4（比较符合），入学动机水平较强。令人担忧的是，来自乡村地区家庭（农村和乡镇）的公费定向师范生，他们的"乡村教师理想"的入学动机均值全低于赋值4（比较符合），入学动机水平较弱。乡村地区家庭的公费师范生出生于乡土或成长于乡土或生活于乡土，长时间与乡土世界互联共生、与乡土文化有机融合，但即便如此，仍然缺乏对乡村教育的关切、对乡村儿童的关爱、对乡村文化的关心、对乡村社会的关注，可谓是始料未及之现象。

表 4-6 不同家庭住址的公费定向师范生入学动机的方差分析

动机	家庭住址（平均值 ± 标准差）				F	P
	农村（N=333）	乡镇（N=107）	中小城市（N=175）	大城市（N=24）		
经济补贴	4.51 ± 0.739	4.22 ± 1.076	4.26 ± 0.965	4.42 ± 0.717	4.601	0.003
就业保障	4.11 ± 0.739	4.13 ± 0.825	4.11 ± 0.784	4.04 ± 1.083	0.090	0.966
他人影响	3.94 ± 0.896	4.07 ± 0.773	4.06 ± 0.917	3.63 ± 1.056	2.407	0.066
乡村教师理想	3.71 ± 0.926	3.54 ± 1.066	3.54 ± 1.016	3.79 ± 0.932	1.749	0.156

* $p < 0.05$, ** $p < 0.01$。

最后，入学动机的家庭收入差异。不同家庭月收入的公费定向师范生，在"就业保障""他人影响"和"乡村教师理想"三个入学动机因素上没有表现出显著性差异（$P > 0.05$，见表 4-7），但"经济补贴"入学动机因素存在显著性差异（$P < 0.01$）。倘若以家庭月收入 5000 元为高低水平线，"低收入家庭"的公费定向师范生，其"经济补贴"入学动机显著高于"高收入家庭"的公费定向师范生。伴随公费定向师范生家庭月收入由低到高变化，其"乡村教师理想"入学动机水平由强向弱转变。换句话说，公费定向师范生的家庭月收入越高，"乡村教师理想"入学动机水平越弱，即从入学动机上讲，他们越不是为了从事乡村教师职业而选择公费定向师范专业，乡土情怀相对偏弱。

表 4-7 不同家庭月收入的公费定向师范生入学动机的方差分析

动机	家庭月收入（平均值 ± 标准差）					F	P
	2000元以下（N=99）	2000~5000元（N=282）	5000~8000元（N=153）	8000~12000元（N=74）	12000元以上（N=31）		
经济补贴	4.45 ± 0.78	4.54 ± 0.73	4.34 ± 0.85	3.89 ± 1.17	4.29 ± 1.13	8.715	0.000
就业保障	3.92 ± 0.93	4.17 ± 0.72	4.14 ± 0.77	4.07 ± 0.78	4.06 ± 1.03	2.096	0.080
他人影响	3.91 ± 0.93	4.00 ± 0.84	4.02 ± 0.89	3.93 ± 0.92	4.06 ± 1.12	0.373	0.828
乡村教师理想	3.84 ± 0.92	3.64 ± 0.95	3.62 ± 0.98	3.54 ± 0.99	3.29 ± 1.18	2.232	0.064

* $p < 0.05$, ** $p < 0.01$。

第四章　乡土情怀不足：公费定向师范生教育的内在隐忧

三、研究讨论："免费第一"的入学动机

基于 Z 省 5 所培养院校 639 名公费定向师范生的调研发现："经济补贴""就业保障""他人影响"以及"乡村教师理想"，是公费定向师范生选择报考公费定向师范专业的四大入学动机；公费定向师范生的四大入学动机在主修专业、家庭住址、家庭月收入等方面存在显著差异。总体来看，公费定向师范生的"经济补贴"入学动机水平最强，"乡村教师理想"入学动机水平较弱，即为"免费"而来比为"教育"而来的动机水平更高，呈现出为"免费教育"而来的第一入学动机。

（一）"经济补贴"为第一入学动机

公费定向师范生第一入学动机是"经济补贴"，入学动机因子均值为4.39，远高于赋值 4（比较符合），入学动机水平最强烈。乡村学校公费定向师范生教育计划主要面向乡村地区、落后地区、偏远地区，绝大多数公费定向师范生来自计划生源所在县、乡、村，其家庭经济收入水平相对低下。"两免一补"经济优惠政策能够切实减轻公费定向师范生所在家庭的经济负担，故而在高考志愿填报时，直接吸引他们优先选择公费定向师范专业。也正因如此，"两免一补"对于城乡地区所有考生普遍具有吸引力，但低收入家庭的公费定向师范生"经济补贴"入学动机水平显著高于高收入家庭的公费定向师范生。另一方面，在问卷开放题的回答中，有些公费定向师范生明显表示出"选择后悔"与"经济因素"直接有关。比如："有点后悔，因为到现在也没有发生活费，我快没钱吃饭了"；"后悔，没有按月发钱"；"有一点点，每个月的津贴都拖了一个多学期"。由此可见，一部分公费定向师范生正是因为"两免一补"经济优惠政策而选择了公费

定向师范专业，首先是奔着"免费"而来的，其乡土情怀相对缺失。

(二)"就业保障"为第二入学动机

公费定向师范生的第二入学动机是"就业保障"，入学动机因子均值为4.11，略微低于"经济补贴"入学动机，入学动机水平同样强烈。近些年来，大学生"就业难"已经成为一个普遍性的社会问题和教育问题，大学校园里面甚至流传着"毕业就等于失业"的说法，师范类专业大学生谋求合适的教师岗位同样困难。乡村学校公费定向师范生教育政策的一个突出优点，就是工作定向安排，且有编有岗，无就业之忧。公费定向师范生在校期间只需要考取教师资格证，顺利完成学业，毕业时经地方教育行政部门考核合格以后，即可到计划生源地的乡村学校任教。因此，公费定向师范生对"公费定向师范生毕业后有就业保障""就业状况不佳，工作不好找""教育行政部门为公费定向师范生落实就业"认同度较高。

(三)"他人影响"为第三入学动机

公费定向师范生的第三入学动机是"他人影响"，入学动机因子均值为3.98，十分接近赋值4（比较符合）。"他人影响"中的"他人"，主要是父母、亲朋、好友，父母的支持和劝导占比较大。特别是体育类和艺术类专业的公费定向师范生，"他人影响"入学动机显著高于其他专业的公费定向师范生。通过访谈发现：一些公费定向师范生的父母认为，子女就读公费定向师范专业，毕业时工作有着落，免除学杂费，而且有生活补贴，定向工作地点又离家较近，加上教师职业的福利待遇越来越好，让自己的孩子优先报考公费定向师范专业是一次不错的人生选择。另一方面，绝大部分高中生社会经验较少，决策能力较弱，父母的意见便成为他们报考公

第四章　乡土情怀不足：公费定向师范生教育的内在隐忧

费定向师范专业的关键性影响因素。有些考生出于上大学有人做伴的心理，自己的同学或好友选择公费定向师范专业，同样成为其报考公费定向师范专业的重要考量因素。

（四）"乡村教师理想"为第四入学动机

公费定向师范生的第四入学动机是"乡村教师理想"，入学动机因子均值为 3.64，远低于赋值 4（比较符合）。与"经济补贴""就业保障""他人影响"相比，"乡村教师理想"入学动机水平偏低。进一步说，公费定向师范生家庭经济收入状况越好，其"乡村教师理想"入学动机越弱。身处中国现代化发展情境下，剧烈的城镇化消磨了人们对乡村的情感和意义，扎根乡村学校工作有悖于年轻人向往城市生活的理想。[①] 在"职业"维度中，639 名公费定向师范生"愿意为家乡教育做贡献""热爱乡村教育事业"和"想成为一名乡村教师"的入学动机水平远低于"公费定向师范生可免缴学费""公费定向师范生可享受每月的生活补贴"和"教育行政部门为公费定向师范生落实就业"。同时，在问卷开放题的回答中，有些公费定向师范生觉得："不想待在乡下教书，想到外面闯闯"；"有时觉得比较后悔，毕竟要去乡下教六年，如果不用在乡下教六年，可能认识的人或者各种方面会不一样"；"有点后悔，因为回到家乡当一名教师发展格局太小，比较想去城市工作"；"后悔，肠子都悔青了，当初只是单纯地想多填一个志愿，完全没想过要做教师……结果突然来了封短信说是被 Y 大学录了"。由此可见，许多公费定向师范生根本没有乡村教育情怀，更无长期任教乡村的教育信念，报考初心更不是奔着"教育"而来的。

---

① 贺雪峰.回乡记：我们眼中的流动中国［M］.北京：中信出版社，2018：13.

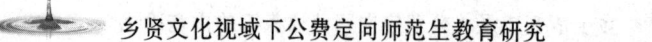

综上所述，公费定向师范生"经济补贴"入学动机最强，"乡村教师理想"入学动机较弱。公费定向师范生可谓首先为"免费"而来。或者说，公费定向师范生奔着"免费"而来比奔着"教育"而来的入学动机水平强。这有悖于乡村学校公费定向师范生教育计划的政策宗旨，逐渐偏离培育"下得去""留得住""教得好""有发展"的乡村教师之初衷。

四、研究结论："先天不足"的乡土情怀

第一，公费定向师范生具有四大入学动机，它们分别是"经济补贴""就业保障""他人影响""乡村教师理想"，从乡土情怀来看，"乡村教师理想"的入学动机表明公费定向师范生不是不具有对乡村教育的关切、对乡村儿童的关爱、对乡村文化的关心、对乡村社会的关注，而只是乡土情怀之表现不够深厚、不够深切、不够强烈。可以认定，乡土情怀少量地存在于公费定向师范生的心灵之中，以微弱力量激起公费定向师范生对公费定向师范专业的选择，他们确实具有勇于肩负乡村教育发展重任的担当感和使命感，具有积极从事乡村教师职业的意愿和理想。

第二，公费定向师范生的四大入学动机水平具有强弱之分，它们依次是"经济补贴""就业保障""他人影响""乡村教师理想"，"经济补贴"居首而"乡村教师理想"居末的实际现象表明公费定向师范生的乡土情怀意识不强，存在被"经济补贴""就业保障""他人影响"压垮甚至吞噬的可能与风险。公费定向师范生选择报考公费定向师范专业，签订U-S-G三方协议，首要影响因素在于"两免一补"的经济优惠政策，次要影响因素在于"有编有岗"的就业保障政策，而真正专注于乡村教育、奉献于乡村学校的情感力量影响因素排在第四位。可以想象，如果没有"经济补

贴""就业保障""他人影响"三者之作用，仅凭"乡村教师理想"的内在情感，很难推动实施乡村学校公费定向师范生教育计划。

第三，公费定向师范生的"乡村教师理想"入学动机水平，在性别、专业、家庭住址、家庭月收入等变量因素上同样强弱分明，其中家庭经济收入状况越好，公费定向师范生的"乡村教师理想"入学动机水平越弱，乡土情怀意识越差。乡村教育发展缓慢，乡村社会经济落后，家庭经济收入高的公费定向师范生容易缺少对乡村生活"贫穷""落后""荒凉"的体验和理解，继而缺少对乡村教育的关切、对乡村儿童的关爱、对乡村文化的关心、对乡村社会的关注。

总之，公费定向师范生教育致力于培养的乡村教师，是具有浓厚乡土情怀的乡村教师，是对乡村教育、乡村儿童、乡村文化和乡村社会充满责任感和使命感的乡村教师，是身心扎根于乡村社会、坚守于乡村学校、奉献于乡村教育的乡村教师。公费定向师范生教育的主要对象是公费定向师范生，而公费定向师范生选择公费定向师范专业之时、进入培养院校之前，虽然大多数人孕育自乡土世界，但是乡土情怀不够强烈，呈现出"先天不足"的教育困境。一言以蔽之，公费定向师范生教育直面的受教育者，乡土情怀"先天不足"，把他们培育成为具有浓厚乡土情怀的乡村教师，充满挑战。

第二节 公费定向师范生学业成就窥探

人生价值是自我价值与社会价值的统一，既要关注自我的存在与需要，又要关注社会的发展与变革。社会的发展与变革制约自我的存在与需要，自我的存在与需要影响社会的发展与变革。因此，公费定向师范生教育既要关注公费定向师范生的个体生命成长,又要关注国家教育需求及其发展,保持个体与国家之间的平衡,而不可顾此失彼。具有深厚的乡土情怀是乡村教育和乡村振兴对乡村教师提出的内在要求,制约着乡村教师的专业成长需要,继而成为公费定向师范生教育的重要内容。从教育过程来看,公费定向师范生的学业成就是在一定的阶段性时间内进行学习而获得的学习结果,能够反映公费定向师范生学习行为投入和学习情感投入的基本情况。学业成就表达了公费定向师范生在学习过程中的行为特征和情感倾向,职是之故,它是了解公费定向师范生乡土情怀意识状况的一个切入点。在学习结果中,学习成绩是学生学业成就评价的主要指标。因此,本研究借用学习成绩等量化数据,以Z省为例全面分析公费定向师范生的学业成就,进而从学业成就中去剖释公费定向师范生是否具有乡土情怀、具有什么程度的乡土情怀。

一、研究设计：对象与工具

调查对象是Z省2018级本科层次的公费定向师范生。本研究采用抽样调查方法,选取某培养院校2018级特殊教育专业的公费定向师范生。选取特殊教育专业的公费定向师范生作为研究对象,实际上并不完全符合公费定向师范生的"实际所指"。比如广东省关于公费定向培养粤东粤西粤北地区中小学教师的实施办法明确提出,特殊教育教师面向县域内相关学校培养,而特殊教育学校一般不在乡村。也就是说,特殊教育专业的公费定向师范毕业生前往乡村学校任教的可能性极低。之所以选择特殊教育专业的公费定向师范生,原因有三。首先,从国家政策文件和特殊教育发展来看,融合教育备受重视,发展迅速,发展势头强劲,未来融合教育将

第四章 乡土情怀不足：公费定向师范生教育的内在隐忧

会成为特殊教育的重要发展方向，一部分特殊教育专业毕业生将会前去普通中小学任教，特殊教育专业的公费定向师范毕业生未来有可能前往乡村中小学任教。其次，从公费定向师范生学业成就的研究目的来看，旨在探测学业成就的发展状况，然后基于学业成就去分析和推演公费定向师范生乡土情怀的基本表现，而以特殊教育专业公费定向师范生的学业成就为样本，在一定程度上可以归纳出普遍意义上公费定向师范生的学业成就与乡土情怀的发展状况。最后，从公费定向师范生学业成就的研究方法来看，按照对照实验方法，通过比较同一教育情境下的公费定向师范生（控制组）与非公费定向师范生（对照组）的异同点，更有利于揭示出公费定向师范生学业成就的真实属性，而在选择研究对象时，由于能力所限、专业所限、范围所限，仅有特殊教育专业符合。

调查对象的基本情况如下：公费定向师范生共有3个班级，总计108人，其中1班是公费定向师范专业（可以视为"控制组"），2班和3班是非公费定向师范专业（可以视为"对照组"）；公费定向师范生46人，占比42.59%，非公费定向师范生62人，占比57.41%；男生9人，占比8.33%，女生99人，占比91.67%（见表4-8）。

表4-8 学生基本情况统计表

项目	类别	人数	百分比
学生	公费定向师范生	46	42.59%
	非公费定向师范生	62	57.41%
性别	男	9	8.33%
	女	99	91.67%
班级	1班（公费定向师范生）	46	42.59%
	2班（非公费定向师范生）	30	27.78%
	3班（非公费定向师范生）	32	29.63%

本研究主要以第一课堂与第二课堂联动学习为基本分析框架。第一课

堂是指培养院校按照教学计划和教学大纲对公费定向师范生进行的班级教学活动，包括课堂教学、实验教学、教育见习、教育实习和毕业论文设计等内容。第二课堂是指培养院校在教学计划和教学大纲之外组织和引导公费定向师范生参与的各种有教育意义的活动，"包括政治性的、学术性的、知识性的、健身性的、公益性的和有酬性的（例如勤工助学）等"[1]内容。"高校是人才培养的重要阵地，高校育人系统由第一课堂和第二课堂'两大课堂'组成。第一课堂与第二课堂共同构成高校的育人体系，是高校育人的重要阵地，具有教育目标一致、教育手段互补、教育效果相同和教育环境升华等协同育人基础。"[2]由于第一课堂与第二课堂共同构成完整的高等教育整体，公费定向师范生的学业成长与发展是两大课堂协同育人、双向互动、相互作用下的产物。以此意义，公费定向师范生的学业成就表现既有第一课堂的学业成就，又有第二课堂的学业成就，两者体现出学业成就评价的全面性和系统性。

　　基于第一课堂与第二课堂联动学习视角，在数据搜集与数据分析时，学业成就分为两大方面。第一方面主要是对第一课堂的学业成就进行数据化分析，数据来源是完全统一的教育环境下（同一授课老师、考核方式、评价标准）公费定向师范生的定向行走、教师语言、教育研究方法、视觉障碍概论、学前特殊教育概论、特殊儿童认知训练等17门课程的平时成绩、期末成绩和总评成绩，同时根据课程性质、课程类别和课程模块，17门课程被分为学科基础课程、专业必修课程和专业选修课程三种进行

---

[1] 蔡克勇，冯向东.第二课堂的产生是教育思想上的一次变革[J].高等教育研究，1985（4）：13-19.

[2] 甘霖，熊建生."两大课堂"协同育人初探[J].中国高校科技，2014（4）：51-52.

数据录入和统计分析。第二方面主要是对第二课堂的学业成就进行数据化分析，数据来源是公费定向师范生在第二学年中政治性的、学术性的、知识性的、健身性的、娱乐性的、公益性的、有酬性的活动中的行为和表现，主要包括等级考试、竞赛获奖、干部任职等数据内容。所述数据，全部运用 SPSS 22.0 统计软件进行录入和分析。

二、研究结果：数据与分析

（一）第一课堂的学业成就

第一课堂的学业成就分析，主要是对完全统一的教育环境下公费定向师范生的定向行走、教师语言、教育研究方法、视觉障碍概论、学前特殊教育概论、特殊儿童认知训练等 17 门课程的平时成绩、期末成绩和总评成绩进行数据统计。在学业成就分析时，分为模块课程和单科课程两个部分。

1. 第一课堂的模块课程分析

根据培养院校在人才培养方案中关于课程性质与课程类别的界定，模块课程分为三大类：学科基础课程、专业必修课程和专业选修课程。第一课堂的模块课程分析按照学科基础课程、专业必修课程和专业选修课程逐一统计和分析。

第一，学习成绩的总体情况。总体而言，公费定向师范生与非公费定向师范生的学科基础课程的平时成绩均值为 87.86，标准差为 1.86，期末成绩均值为 71.08，标准差为 7.63，总评成绩均值为 77.39，标准差为 5.11；公费定向师范生与非公费定向师范生的专业必修课程的平时成绩均值为 89.96，标准差为 1.75，期末成绩均值为 86.87，标准差为 5.07，总评成绩均值为 88.08，标准差为 3.45；公费定向师范生与非公费定向师范生的专业选修课程的平时成绩均值为 89.11，标准差为 1.86，期末成绩均值为 87.34，标准差为 2.15，总评成绩均值为 88.11，标准差为 1.72（见表 4-9）。通过数据不难发现，无论是何种模块类型的课程，公费定向师范生与非公费定向师范生的平时成绩均高于期末成绩，从而导致总评成绩低于平时成绩。无论是何种模块类型的课程，该模块课程的平时成绩的标准差全都偏小且低于 2.0，表明公费定向师范生与非公费定向师范生整体上的平时学业表现均处于较为相同的水平。专业选修课程的平时成绩、期末成绩和总评成绩的标准差较小且在 2.0 左右，说明公费定向师范生与非公费定向师范生对专业选修课程的学习投入情况较为一致，仅仅存在强弱水平之分。

表 4-9 学习成绩的基本统计量

课程	平时成绩（$M \pm SD$）	期末成绩（$M \pm SD$）	总评成绩（$M \pm SD$）
学科基础课程	87.86 ± 1.86	71.02 ± 7.63	77.39 ± 5.11
专业必修课程	89.96 ± 1.75	86.87 ± 5.07	88.08 ± 3.45
专业选修课程	89.11 ± 1.86	87.34 ± 2.15	88.11 ± 1.72

第二，学习成绩的差异情况。无论是何种模块类型的课程或是任一阶段的成绩，公费定向师范生的学习成绩全部高于非公费定向师范生（见表 4-10）。具体来说，学科基础课程的平时成绩存在显著性差异（$p=0.032$，$p < 0.05$），即公费定向师范生的平时成绩（$M=88.29$）高于非公费定向师范生的平时成绩（$M=87.54$），但期末成绩和总评成绩并未出现显著差异。专业必修课程的平时成绩存在显著性差异（$p < 0.05$），即公费定向师范生的平时成绩（$M=90.35$）高于非公费定向师范生的平时成绩（$M=89.68$）；期末成绩存在极显著差异（$p=0.002$，$p < 0.01$），即公费定向师范生的期末成绩（$M=88.51$）高于非公费定向师范生的期末成绩（$M=85.65$）；总评成绩存在极显著差异（$p=0.003$，$p < 0.01$），即公

第四章 乡土情怀不足：公费定向师范生教育的内在隐忧

费定向师范生的总评成绩（M=89.23）高于非公费定向师范生的总评成绩（M=87.24）。专业选修课程的平时成绩、期末成绩、总评成绩均存在极显著差异（$p<0.01$），公费定向师范生的平时成绩（M=89.95）高于非公费定向师范生的平时成绩（M=88.50），公费定向师范生的期末成绩（M=88.11）高于非公费定向师范生的期末成绩（M=86.77），公费定向师范生的总评成绩（M=88.81）高于非公费定向师范生的总评成绩（M=87.60）。

表 4-10 公费定向师范生与非公费定向师范生学习成绩的 T 检验

项目		（M±SD） 公费定向师范生（N=46）	非公费定向师范生（N=62）	T	P
学科基础课程	平时成绩	88.29 ± 1.61	87.54 ± 1.98	2.174	0.032*
	期末成绩	72.47 ± 6.00	69.95 ± 8.53	1.807	0.074
	总评成绩	78.32 ± 3.97	76.70 ± 5.75	1.729	0.087
专业必修课程	平时成绩	90.35 ± 1.51	89.68 ± 1.88	1.983	0.050*
	期末成绩	88.51 ± 4.22	85.65 ± 5.32	3.118	0.002**
	总评成绩	89.23 ± 2.84	87.24 ± 3.63	3.088	0.003**
专业选修课程	平时成绩	89.95 ± 1.45	88.50 ± 1.90	4.322	0.000**
	期末成绩	88.11 ± 2.01	86.77 ± 2.08	3.349	0.001**
	总评成绩	88.81 ± 1.55	87.60 ± 1.67	3.834	0.000**

* $p<0.05$，** $p<0.01$。

第三，不同班级的差异情况。1班是公费定向师范专业，2班和3班是非公费定向师范专业。公费定向师范专业班级与非公费定向师范专业班级，两者之间存在差异性（见表4-11）。从学科基础课程来看，期末成绩的整体检验 F 值为 5.822（p=0.004，$p<0.01$），达到显著水平，结合事后检验 Tukey 法，1 班的期末成绩（M=72.47）高于 2 班的期末成绩（M=67.15），3 班的期末成绩（M=72.56）高于 2 班的期末成绩（M=67.15）。总评成绩的整体检验 F 值为 6.476（p=0.002，$p<0.01$），达到显著水平，

结合事后检验，1班的总评成绩（M=78.32）高于2班的总评成绩（M=74.68），3班的总评成绩（M=78.60）高于2班的总评成绩（M=74.68）。从专业必修课程来看，期末成绩的整体检验F值为4.805（p=0.010，$p<0.05$），达到显著水平，结合事后检验Tukey法，1班的期末成绩（M=88.51）高于2班的期末成绩（M=85.17）。总评成绩的整体检验F值为5.048（p=0.008，$p<0.01$），达到显著水平，结合事后检验，1班的总评成绩（M=89.23）高于2班的总评成绩（M=86.90）。从专业选修课程来看，平时成绩、期末成绩和总评成绩均存在极显著差异，其整体检验F值分别为9.569（p=0.000，$p<0.01$）、9.194（p=0.000，$p<0.01$）和8.953（p=0.000，$p<0.01$）。1班的平时成绩（M=89.95）高于2班（M=86.66）和3班（M=88.34）的平时成绩；1班的期末成绩（M=88.66）高于2班的期末成绩（M=86.10），3班的期末成绩（M=87.40）高于2班的期末成绩（M=86.10）；1班的总评成绩（M=88.81）高于2班的总评成绩（M=87.24）。

表4-11 不同班级学习成绩的方差分析

项目		（$M\pm SD$）			F	P	事后检验
		1班（N=46）	2班（N=30）	3班（N=32）			
学科基础课程	平时成绩	88.29±1.61	87.38±2.01	87.68±1.97	2.417	0.094	BⅠ>BⅡ BⅡ<BⅢ CⅠ>CⅡ CⅡ<CⅢ
	期末成绩	72.47±6.00	67.15±8.88	72.56±7.41	5.822	0.004**	
	总评成绩	78.32±3.97	74.68±6.04	78.60±4.83	6.476	0.002**	
专业必修课程	平时成绩	90.35±1.51	89.52±2.08	89.83±1.69	2.198	0.116	BⅠ>BⅡ CⅠ>CⅡ
	期末成绩	88.51±4.22	85.17±5.50	86.10±5.19	4.805	0.010*	
	总评成绩	89.23±2.84	86.90±3.82	87.55±3.48	5.048	0.008**	

第四章 乡土情怀不足：公费定向师范生教育的内在隐忧

续表

项目		1班（*N*=46）	（*M*±SD） 2班（*N*=30）	3班（*N*=32）	*F*	*P*	事后检验
专业选修课程	平时成绩	89.95±1.45	88.66±2.20	88.34±1.59	9.569	0.000**	AⅠ>AⅡ AⅠ>AⅢ
	期末成绩	88.11±2.01	86.10±2.11	87.40±1.87	9.194	0.000**	BⅠ>BⅡ BⅡ<BⅢ
	总评成绩	88.81±1.55	87.24±1.75	87.94±1.55	8.953	0.000**	CⅠ>CⅡ

* $p<0.05$，** $p<0.01$。平时成绩标记为A，期末成绩标记为B，总评成绩标记为C，1班标记为Ⅰ，2班标记为Ⅱ，3班标记为Ⅲ。

2. 第一课堂的单科课程分析

第一，学习成绩的基本情况。在单科成绩方面，公费定向师范生与非公费定向师范生的平时成绩水平，普遍高于期末成绩水平，从而影响到总评成绩水平（见表4-12）。在不同科目中，平时成绩的标准差均较小，说明公费定向师范生与非公费定向师范生整体不受模块课程的类别影响，对各个科目的平时学习投入情况大致相同。期末成绩是课程学习的一种总结性考核评价。在学科基础课程的5门课程中，公费定向师范生与非公费定向师范生期末成绩的标准差，整体表现出较大的现象，最大值甚至达到了13.47的水平；在专业必修课程的3门课程中，公费定向师范生与非公费定向师范生期末成绩的标准差，整体表现同样较大且均大于5.0，出现了学习成绩分层的现象，说明在学科基础课程学习中，公费定向师范生与非公费定向师范生整体出现偏差。由此可看，公费定向师范生与非公费定向师范生整体上学科基础课程和专业必修课程的学习结果不一致，同时对各门课程的学习投入程度同样不一致。

表 4-12 学习成绩的基本统计量

课程	科目	平时成绩 ($M \pm SD$)	期末成绩	总评成绩
学科基础课程	教育心理学	92.89 ± 1.14	85.87 ± 1.09	88.67 ± 0.82
	教育与心理统计	91.08 ± 3.83	65.51 ± 13.47	73.45 ± 10.10
	课程与教学论	91.93 ± 2.45	71.23 ± 10.61	79.72 ± 6.69
	人体解剖心理学	81.16 ± 6.75	66.61 ± 13.23	72.68 ± 8.88
	心理测量学	82.22 ± 1.94	65.89 ± 9.63	72.44 ± 6.01
专业必修课程	教育研究方法	89.31 ± 3.33	87.89 ± 5.09	88.44 ± 4.30
	视觉障碍概论	92.17 ± 0.91	89.44 ± 7.27	90.51 ± 4.35
	自闭症概论	88.41 ± 3.43	83.28 ± 7.95	85.31 ± 4.92
专业选修课程	定向行走	90.56 ± 2.80	90.56 ± 2.80	90.56 ± 2.80
	沟通障碍概论	90.55 ± 3.11	87.34 ± 3.50	88.60 ± 2.48
	教师语言	87.62 ± 1.78	89.32 ± 2.19	88.71 ± 1.86
	教师职业道德	84.94 ± 1.99	90.21 ± 2.63	88.13 ± 2.23
	特殊儿童认知训练	90.80 ± 3.96	85.77 ± 4.44	87.84 ± 2.80
	学前特殊教育概论	91.70 ± 2.72	85.90 ± 7.01	88.60 ± 4.20
	学习障碍教育	91.24 ± 3.10	89.43 ± 2.01	90.16 ± 1.93
	智能障碍教材教法	87.71 ± 8.66	87.19 ± 3.61	87.41 ± 3.64
	注意力缺陷过动症	86.91 ± 1.50	80.36 ± 8.14	83.02 ± 5.03

第二，学习成绩的差异情况。公费定向师范生与非公费定向师范生两者之间，在17门课程中，有10个科目的平时成绩达到显著差异水平（$p < 0.05$），其中包括1门学科基础课程、3门专业必修课程和6门专业选修课程（见表4-13）。就学科基础课程而言，"教育心理学"的平时成绩存在极显著差异水平（$p=0.000$，$p < 0.001$），公费定向师范生的平时成绩（$M=93.39$）高于非公费定向师范生的平时成绩（$M=92.52$）。就专业必修课程而言，3门课程均达到显著差异水平（$p < 0.05$）。在"教育研究方法"这门课程中，公费定向师范生的平时成绩（$M=90.13$）略低于非公费定向师范生的平时成绩（$M=90.85$）；在"视觉障碍概论"这门课程中，公费定向师范生的平时成绩（$M=91.78$）低于非公费定向师范生的平时成绩（$M=92.46$）；在"自闭症概论"这门课程中，公费定向师范生的平时成绩（$M=89.13$）略高于非公费定向师范生的平时成绩（$M=87.87$）。就专

第四章 乡土情怀不足：公费定向师范生教育的内在隐忧

业选修课程而言，"定向行走""教师语言"等6门课程达到显著差异水平（$p < 0.05$）。在"定向行走"这门课程中，公费定向师范生的平时成绩（M=91.70）高于非公费定向师范生的平时成绩（M=89.71）；在"教师语言"这门课程中，公费定向师范生的平时成绩（M=88.87）高于非公费定向师范生的平时成绩（M=86.69）；在"学前特殊教育概论"这门课程中，公费定向师范生的平时成绩（M=93.04）高于非公费定向师范生的平时成绩（M=90.71）；在"学习障碍教育"这门课程中，公费定向师范生的平时成绩（M=90.54）略低于非公费定向师范生的平时成绩（M=91.76）；在"智能障碍教材教法"这门课程中，公费定向师范生的平时成绩（M=90.59）高于非公费定向师范生的平时成绩（M=85.58）；在"注意力缺陷过动症"这门课程中，公费定向师范生的平时成绩（M=87.72）高于非公费定向师范生的平时成绩（M=86.31）。通过以上数据不难发现，公费定向师范生的平时成绩整体上高于非公费定向师范生的平时成绩，但其中有3门课程（心理测量学、教育研究方法、视觉障碍概论），公费定向师范生的平时成绩略低于非公费定向师范生。

表4-13 公费定向师范生与非公费定向师范生平时成绩的 T 检验

课程	科目	成绩（$M \pm SD$）公费定向师范生（N=46）	成绩（$M \pm SD$）非公费定向师范生（N=62）	T	P
学科基础课程	教育心理学	93.39 ± 0.77	92.52 ± 1.23	4.537	0.000**
	教育与心理统计	91.39 ± 3.21	90.85 ± 4.24	0.749	0.456
	课程与教学论	92.28 ± 2.60	91.66 ± 2.31	1.288	0.201
	人体解剖心理学	82.28 ± 6.73	80.32 ± 6.71	1.500	0.137
	心理测量学	82.09 ± 2.21	82.32 ± 1.73	-0.600	0.550
专业必修课程	教育研究方法	90.13 ± 2.54	90.85 ± 1.23	2.232	0.028*
	视觉障碍概论	91.78 ± 1.03	92.46 ± 0.69	-3.881	0.000**
	自闭症概论	89.13 ± 2.52	87.87 ± 3.92	2.030	0.045*

续表

课程	科目	成绩（$M \pm SD$）公费定向师范生（$N=46$）	非公费定向师范生（$N=62$）	T	P
专业选修课程	定向行走	91.70 ± 2.49	89.71 ± 2.73	3.877	0.000**
	沟通障碍概论	90.87 ± 2.81	90.31 ± 3.31	0.930	0.355
	教师语言	88.87 ± 1.02	86.69 ± 3.32	7.900	0.000**
	教师职业道德	84.67 ± 2.15	85.15 ± 1.85	−1.223	0.224
	特殊儿童认知训练	91.52 ± 1.96	90.26 ± 4.90	1.843	0.069
	学前特殊教育概论	93.04 ± 2.01	90.71 ± 2.75	4.863	0.000**
	学习障碍教育	90.54 ± 2.80	91.76 ± 3.22	−2.046	0.043*
	智能障碍教材教法	90.59 ± 7.74	85.58 ± 8.75	3.088	0.003**
	注意力缺陷过动症	87.72 ± 1.36	86.31 ± 1.30	5.466	0.000**

*$p < 0.05$，**$p < 0.01$。

公费定向师范生与非公费定向师范生两者之间，在17门课程中，有8门课程的期末成绩达到显著差异水平（$p < 0.05$），其中包括1门学科基础课程、2门专业必修课程和5门专业选修课程（见表4-14）。从学科基础课程来看，"心理测量学"的期末成绩存在显著差异（$p=0.015$，$p < 0.005$），公费定向师范生的期末成绩（$M=68.39$）高于非公费定向师范生的期末成绩（$M=64.03$）。从专业必修课程来看，2门课程达到极显著差异水平（$p < 0.01$）。在"教育研究方法"这门课程中，公费定向师范生的期末成绩（$M=89.78$）明显高于非公费定向师范生的期末成绩（$M=86.48$）；在"视觉障碍概论"这门课程中，公费定向师范生的期末成绩（$M=93.39$）明显高于非公费定向师范生的期末成绩（$M=86.52$）。从专业选修课程来看，5门学科达到显著水平（$p < 0.05$）。在"定向行走"这门课程中，公费定向师范生的期末成绩（$M=91.70$）高于非公费定向师范生的期末成绩（$M=89.71$）；在"教师语言"这门课程中，公费定向师范生的期末成绩（$M=90.39$）高于非公费定向师范生的期末成绩（$M=88.53$）；

第四章 乡土情怀不足：公费定向师范生教育的内在隐忧

在"教师职业道德"这门课程中，公费定向师范生的期末成绩（$M=90.91$）略高于非公费定向师范生的期末成绩（$M=89.69$）；在"学前特殊教育概论"这门课程中，公费定向师范生的期末成绩（$M=88.22$）高于非公费定向师范生的期末成绩（$M=84.18$）。在"学习障碍教育"这门课程中，公费定向师范生的期末成绩（$M=90.20$）高于非公费定向师范生的期末成绩（$M=88.85$）。总体来说，在8门有显著差异的课程中，公费定向师范生的期末成绩均高于非公费定向师范生的期末成绩。

表4-14 公费定向师范生与非公费定向师范生的期末成绩的 T 检验

课程	科目	成绩（$M\pm SD$）公费定向师范生（N=46）	非公费定向师范生（N=62）	T	P
学科基础课程	教育心理学	85.80 ± 1.13	85.92 ± 1.06	−0.542	0.589
	教育与心理统计	67.15 ± 10.28	64.29 ± 15.39	1.157	0.250
	课程与教学论	72.39 ± 9.31	70.37 ± 11.48	0.979	0.330
	人体解剖心理学	68.63 ± 11.16	65.11 ± 14.49	1.372	0.173
	心理测量学	68.39 ± 8.07	64.03 ± 10.32	2.462	0.015*
专业必修课程	教育研究方法	89.78 ± 3.51	86.48 ± 5.63	3.736	0.000**
	视觉障碍概论	93.39 ± 5.28	86.52 ± 7.19	5.730	0.000**
	自闭症概论	82.37 ± 7.41	83.95 ± 8.33	−1.023	0.309
专业选修课程	定向行走	91.70 ± 2.49	89.71 ± 2.73	3.877	0.000**
	沟通障碍概论	87.70 ± 2.87	87.08 ± 3.91	0.943	0.348
	教师语言	90.39 ± 1.84	88.53 ± 2.10	4.786	0.000**
	教师职业道德	90.91 ± 2.20	89.69 ± 2.82	2.434	0.017*
	特殊儿童认知训练	86.33 ± 3.13	85.35 ± 5.18	1.208	0.230
	学前特殊教育概论	88.22 ± 7.12	84.18 ± 6.46	3.078	0.003**
	学习障碍教育	90.20 ± 1.49	88.85 ± 2.16	3.816	0.000**
	智能障碍教材教法	86.65 ± 3.47	87.58 ± 3.69	−1.326	0.188
	注意力缺陷过动症	80.89 ± 8.60	79.97 ± 7.84	0.581	0.563

*$p<0.05$，**$p<0.01$。

公费定向师范生与非公费定向师范生两者之间，在17门课程中，有7门课程的总评成绩达到显著差异水平（$p<0.05$），其中包括1门学科基础课程、2门专业必修课程和4门专业选修课程（见表4-15）。在学科基

础课程中,"心理测量学"的总评成绩存在显著差异（$p=0.027, p<0.005$）,公费定向师范生的总评成绩（$M=73.87$）高于非公费定向师范生的总评成绩（$M=71.39$）。在专业必修课程中,2门课程达到极显著差异水平（$p<0.01$）。其中:"教育研究方法"这门课程,公费定向师范生的总评成绩（$M=89.91$）明显高于非公费定向师范生的总评成绩（$M=87.34$）;"视觉障碍概论"这门课程,公费定向师范生的总评成绩（$M=92.67$）明显高于非公费定向师范生的总评成绩（$M=88.90$）。在专业选修课程中,4门课程达到显著水平（$p<0.05$）。其中:"定向行走"这门课程,公费定向师范生的总评成绩（$M=91.70$）高于非公费定向师范生的总评成绩（$M=89.71$）;"教师语言"这门课程,公费定向师范生的总评成绩（$M=89.85$）高于非公费定向师范生的总评成绩（$M=87.87$）;"特殊儿童认知训练"这门课程,公费定向师范生的总评成绩（$M=88.43$）略低于非公费定向师范生的总评成绩（$M=87.40$）;"学前特殊教育概论"这门课程,公费定向师范生的总评成绩（$M=89.96$）高于非公费定向师范生的总评成绩（$M=87.60$）。总体来说,在7门有显著差异的课程中,公费定向师范生的总评成绩普遍高于非公费定向师范生的总评成绩,仅有"特殊儿童认知训练"一门课程,公费定向师范生的总评成绩略低于非公费定向师范生。

表4-15 公费定向师范生与非公费定向师范生的总评成绩的T检验

课程	科目	成绩（$M \pm SD$）公费定向师范生（$N=46$）	非公费定向师范生（$N=62$）	T	P
学科基础课程	教育心理学	88.80 ± 0.81	88.56 ± 0.82	1.511	0.134
	教育与心理统计	74.46 ± 7.75	72.71 ± 11.55	0.940	0.350
	课程与教学论	80.35 ± 5.80	79.26 ± 7.29	0.836	0.405
	人体解剖心理学	74.13 ± 7.04	71.60 ± 9.96	1.549	0.124
	心理测量学	73.87 ± 5.01	71.39 ± 6.49	2.243	0.027*

第四章 乡土情怀不足：公费定向师范生教育的内在隐忧

续表

课程	科目	成绩（$M \pm SD$）		T	P
		公费定向师范生（N=46）	非公费定向师范生（N=62）		
专业必修课程	教育研究方法	89.91 ± 3.08	87.34 ± 4.75	3.413	0.001**
	视觉障碍概论	92.67 ± 3.43	88.90 ± 4.29	4.909	0.000**
	自闭症概论	85.11 ± 4.35	85.47 ± 5.34	−0.373	0.710
专业选修课程	定向行走	91.70 ± 2.49	89.71 ± 2.73	3.877	0.000**
	沟通障碍概论	88.89 ± 2.07	88.39 ± 2.75	1.088	0.279
	教师语言	89.85 ± 1.40	87.87 ± 1.71	6.402	0.000**
	教师职业道德	88.54 ± 2.04	87.82 ± 2.32	1.678	0.096
	特殊儿童认知训练	88.43 ± 2.05	87.40 ± 3.19	2.042	0.044*
	学前特殊教育概论	89.96 ± 4.29	87.60 ± 3.86	2.994	0.003**
	学习障碍教育	90.33 ± 1.55	90.03 ± 2.17	0.781	0.436
	智能障碍教材教法	87.87 ± 3.35	87.06 ± 3.82	1.140	0.257
	注意力缺陷过动症	83.72 ± 5.37	82.50 ± 4.75	1.247	0.215

* $p < 0.05$，** $p < 0.01$。

第三，不同班级的差异情况。不同班级之间，9门学科的平时成绩达到显著差异水平（$p < 0.05$），其中包括1门学科基础课程、3门专业必修课程和5门专业选修课程（见表4-16）。在学科基础课程中，"教育心理学"的平时成绩的整体检验F值为15.766（p=0.000，$p < 0.01$）达到显著水平，结合事后检验Tukey法，1班的平时成绩（M=93.39）高于2班的平时成绩（M=92.97），而2班的平时成绩（M=92.97）高于3班的平时成绩（M=92.09）。在专业必修课程中，3门课程均达到显著差异水平（$p < 0.05$）。其中："教育研究方法"这门课程，1班的平时成绩（M=90.13）高于2班的平时成绩（M=87.43），而2班的平时成绩（M=87.43）低于3班的平时成绩（M=89.91）；"视觉障碍概论"这门课程，1班的平时成绩（M=91.78）低于2班的平时成绩（M=92.33），且低于3班的平时成绩（M=92.58）；"自闭症概论"这门课程，1班的平时成绩（M=89.13）高于3班的平时成绩（M=87.00）。在专业选修课程中，5门课程达到显著差异水平（$p < 0.05$）。

其中："定向行走"这门课程，1班的平时成绩（$M=91.70$）高于2班的平时成绩（$M=89.47$），且高于3班的平时成绩（$M=89.94$）；"教师语言"这门课程，1班的平时成绩（$M=88.87$）高于2班的平时成绩（$M=87.07$），且高于3班的平时成绩（$M=86.34$）；"学前特殊教育概论"这门课程，1班的平时成绩（$M=93.04$）高于2班的平时成绩（$M=90.03$），且高于3班的平时成绩（$M=91.34$）；"智能障碍教材教法"这门课程，1班的平时成绩（$M=90.59$）高于2班的平时成绩（$M=85.53$），且高于3班的平时成绩（$M=85.63$）；"注意力缺陷过动症"这门课程，1班的平时成绩（$M=87.72$）高于2班的平时成绩（$M=86.77$），且高于3班的平时成绩（$M=85.88$）。总体来说，在存在显著差异的课程中，大部分的平时成绩显示1班要高于2、3班，只有1门专业必修课程，1班略低于2、3班。

表4-16 不同班级平时成绩的方差分析

课程	科目	1班（$N=46$）	2班（$N=30$）	3班（$N=32$）	F	P	事后检验Tukey法
学科基础课程	教育心理学	93.39±0.77	92.97±1.35	92.09±0.93	15.766	0.000**	A＞C B＞C
	学科基础课程	91.39±3.21	90.07±3.23	91.59±4.94	1.507	0.226	
	课程与教学论	92.28±2.60	91.57±2.36	91.75±2.30	0.895	0.412	
	人体解剖心理学	82.28±6.73	80.50±7.58	80.16±5.89	1.135	0.325	
	心理测量学	82.09±2.21	81.80±1.88	82.81±1.42	2.362	0.099	
专业必修课程	教育研究方法	90.13±2.54	87.43±4.58	89.91±2.12	7.476	0.001**	A＞B B＜C
	视觉障碍概论	91.78±1.03	92.33±0.55	92.58±0.78	9.118	0.000**	A＜B A＜C
	自闭症概论	89.13±2.52	88.80±3.22	87.00±4.34	4.131	0.019*	A＞C

第四章 乡土情怀不足：公费定向师范生教育的内在隐忧

续表

课程	科目	班级（$M \pm SD$） 1班（$N=46$）	2班（$N=30$）	3班（$N=32$）	F	P	事后检验 Tukey法
专业选修课程	定向行走	91.70 ± 2.49	89.47 ± 2.78	89.94 ± 2.71	7.726	0.001**	A > B A > C
	专业选修课程	90.87 ± 2.81	90.93 ± 3.14	89.72 ± 3.42	1.633	0.200	
	教师语言	88.87 ± 1.02	87.07 ± 1.70	86.34 ± 1.54	34.211	0.000**	A > B A > C
	教师职业道德	84.67 ± 2.15	85.13 ± 1.53	85.16 ± 2.13	0.741	0.479	
	特殊儿童认知训练	91.52 ± 1.96	90.93 ± 4.14	89.63 ± 5.50	2.241	0.111	
	学前特殊教育概论	93.04 ± 2.01	90.03 ± 3.29	91.34 ± 1.99	14.475	0.000**	A > B A > C
	学习障碍教育	90.54 ± 2.80	92.10 ± 3.54	91.44 ± 2.92	2.451	0.091	
	智能障碍教材教法	90.59 ± 7.74	85.53 ± 9.22	85.63 ± 8.43	4.723	0.011*	A > B A > C
	注意力缺陷过动症	87.72 ± 1.36	86.77 ± 1.48	85.88 ± 0.94	19.555	0.000**	A > B A > C

$*p < 0.05$，$**p < 0.01$。1班标记为A，2班标记为B，3班标记为C。

不同班级之间，11门课程的期末成绩达到显著差异水平（$p < 0.05$），其中包括3门学科基础课程、2门专业必修课程和6门专业选修课程（见表4-17）。就学科基础课程而言，3门学科达到显著差异水平（$p < 0.05$）。在"教育与心理统计"中，1班的期末成绩（$M=67.15$）高于2班的期末成绩（$M=60.33$），2班的期末成绩（$M=60.33$）低于3班的期末成绩（$M=68.00$）；在"课程与教学论"中，2班的期末成绩（$M=66.83$）低于3班的期末成绩（$M=73.69$）；在"心理测量学"中，1班的期末成绩（$M=68.39$）高于2班的期末成绩（$M=61.47$）。就专业必修课程而言，2门学科达到极显著差异水平（$p < 0.01$）。在"教育研究方法"中，1班的期末成绩（$M=89.78$）高于2班的期末成绩（$M=84.80$），而2班的期末成绩（$M=84.80$）低于3

班的期末成绩(M=88.06)；在"视觉障碍概论"中，1班的期末成绩(M=93.39)高于2班的期末成绩（M=87.40），且高于3班的期末成绩（M=85.69）。

就专业选修课程而言，6门学科达到显著差异水平（$p<0.05$）。在"定向行走"中，1班的期末成绩（M=91.70）高于2班的期末成绩（M=89.47），且高于3班的期末成绩（M=89.94）；在"教师语言"中，1班的期末成绩（M=90.39）高于2班的期末成绩（M=88.77），且高于3班的期末成绩（M=88.31）；在"教师职业道德"中，1班的期末成绩（M=90.91）高于3班的期末成绩（M=89.28）；在"特殊儿童认知训练"中，1班的期末成绩（M=86.33）高于2班的期末成绩（M=81.90），而低于3班的期末成绩（M=88.59），2班的期末成绩（M=81.90）低于3班的期末成绩（M=88.59）；在"学前特殊教育概论"中，1班的期末成绩（M=88.22）高于2班的期末成绩（M=83.30）；在"学习障碍教育"中，1班的期末成绩（M=90.20）高于2班的期末成绩（M=88.83），且高于3班的期末成绩（M=88.88）。总体来说，在存在显著差异的课程中，其期末成绩大部分显示1班要高于2、3班，只有"特殊儿童认知训练"一门课程，1班略低于3班。

表4-17 不同班级期末成绩的方差分析

课程	科目	1班（N=46）	2班（N=30）	3班（N=32）	F	P	事后检验Tukey法
学科基础课程	教育心理学	85.80±1.13	85.47±0.73	86.34±1.15	5.650	0.005**	
	教育与心理统计	67.15±10.28	60.33±15.26	68.00±14.78	3.233	0.043*	A>B B<C
	课程与教学论	72.39±9.31	66.83±12.60	73.69±9.33	3.914	0.023*	B<C
	人体解剖心理学	68.63±11.16	61.67±15.91	68.34±12.40	3.015	0.053	
	心理测量学	68.39±8.07	61.47±10.20	66.44±9.99	5.132	0.007**	A>B

第四章 乡土情怀不足：公费定向师范生教育的内在隐忧

续表

课程	科目	班级（$M \pm SD$） 1班（$N=46$）	2班（$N=30$）	3班（$N=32$）	F	P	事后检验Tukey法
专业必修课程	教育研究方法	89.78 ± 3.51	84.80 ± 6.72	88.06 ± 3.84	10.212	0.000**	A>B B<C
	视觉障碍概论	93.39 ± 5.28	87.40 ± 7.29	85.69 ± 7.11	15.573	0.000**	A>B A>C
	自闭症概论	82.37 ± 7.40	83.30 ± 8.22	84.56 ± 8.50	0.714	0.492	
专业选修课程	定向行走	91.70 ± 2.49	89.47 ± 2.78	89.94 ± 2.71	7.726	0.001**	A>B A>C
	沟通障碍概论	87.70 ± 2.87	87.37 ± 3.49	86.81 ± 4.30	0.597	0.553	
	教师语言	90.39 ± 1.84	88.77 ± 2.01	88.31 ± 2.19	11.830	0.000**	A>B A>C
	教师职业道德	90.91 ± 2.20	90.13 ± 1.53	89.28 ± 3.62	3.835	0.025*	A>C
	特殊儿童认知训练	86.33 ± 3.13	81.90 ± 5.13	88.59 ± 2.42	27.213	0.000**	A>B A<C B<C
	学前特殊教育概论	88.22 ± 7.12	83.30 ± 7.81	85.00 ± 4.86	5.230	0.007**	A>B
	学习障碍教育	90.20 ± 1.49	88.83 ± 2.61	88.88 ± 1.68	6.479	0.002**	A>B A>C
	智能障碍教材教法	86.65 ± 3.47	86.83 ± 3.96	88.28 ± 3.33	2.165	0.120	
	注意力缺陷过动症	80.89 ± 8.60	78.30 ± 8.60	81.53 ± 6.82	1.399	0.251	

*$p<0.05$，**$p<0.01$。1班标记为A，2班标记为B，3班标记为C。

不同班级之间，10门课程的总评成绩达到显著差异水平（$p<0.05$），其中包括4门学科基础课程、2门专业必修课程和4门专业选修课程（见表4-18）。就学科基础课程而言，4门学科达到显著差异水平（$p<0.05$）。在"教育与心理统计"中，2班的总评成绩（$M=69.33$）高于3班的总评成绩（$M=75.88$）；在"课程与教学论"中，1班的总评成绩（$M=80.35$）高于2班的总评成绩（$M=76.67$），2班的总评成绩（$M=76.67$）低于3班的总评成绩（$M=81.69$）；在"人体解剖心理学"中，1班的总评成绩（$M=74.13$）

高于 2 班的总评成绩（M=69.27）；在"心理测量学"中，1 班的总评成绩（M=73.87）高于 2 班的总评成绩（M=69.63）。就专业必修课程而言，2 门学科达到极显著差异水平（$p < 0.01$）。在"教育研究方法"中，1 班的总评成绩（M=89.91）高于 2 班的总评成绩（M=85.80），而 2 班的总评成绩（M=85.80）低于 3 班的总评成绩（M=88.78）；在"视觉障碍概论"中，1 班的总评成绩（M=92.67）高于 2 班的总评成绩（M=89.40），且高于 3 班的总评成绩（M=88.44）。就专业选修课程而言，6 门学科达到显著差异水平（$p < 0.05$）。在"定向行走"中，1 班的总评成绩（M=91.70）高于 2 班的总评成绩（M=89.47），且高于 3 班的总评成绩（M=89.94）；在"教师语言"中，1 班的总评成绩（M=89.85）高于 2 班的总评成绩（M=88.13），且高于 3 班的总评成绩（M=87.63）；在"特殊儿童认知训练"中，1 班的总评成绩（M=88.43）高于 2 班的总评成绩（M=85.63），而 2 班的总评成绩（M=85.63）低于 3 班的总评成绩（M=89.06）；在"学前特殊教育概论"中，1 班的总评成绩（M=89.96）高于 2 班的总评成绩（M=86.60）。总体来说，在存在显著差异的课程中，大部分总评成绩显示 1 班要高于 2、3 班。

表 4-18 不同班级总评成绩的方差分析

课程	科目	1 班（N=46）	2 班（N=30）	3 班（N=32）	F	P	事后检验 Tukey 法
学科基础课程	教育心理学	88.80 ± 0.81	88.50 ± 0.73	88.63 ± 0.91	1.316	0.273	
	教育与心理统计	74.46 ± 7.75	69.33 ± 11.23	75.88 ± 11.10	3.834	0.025*	B < C
	课程与教学论	80.35 ± 5.80	76.67 ± 8.22	81.69 ± 5.37	5.071	0.008**	A > B B < C
	人体解剖心理学	74.13 ± 7.04	69.27 ± 10.87	73.78 ± 8.62	3.199	0.045*	A > B
	心理测量学	73.87 ± 5.01	69.63 ± 6.30	73.03 ± 6.32	5.095	0.008**	A > B

第四章 乡土情怀不足：公费定向师范生教育的内在隐忧

续表

课程	科目	班级（$M \pm SD$） 1班（N=46）	2班（N=30）	3班（N=32）	F	P	事后检验Tukey法
专业必修课程	教育研究方法	89.91 ± 3.08	85.80 ± 5.75	88.78 ± 2.99	9.876	0.000**	A＞B B＜C
	视觉障碍概论	92.67 ± 3.43	89.40 ± 4.32	88.44 ± 4.28	12.500	0.000**	A＞B A＞C
	自闭症概论	85.11 ± 4.35	85.50 ± 4.90	85.44 ± 5.80	0.070	0.932	
专业选修课程	定向行走	91.70 ± 2.49	89.47 ± 2.78	89.94 ± 2.71	7.726	0.001**	A＞B A＞C
	沟通障碍概论	88.89 ± 2.07	88.80 ± 2.58	88.00 ± 2.89	1.357	0.262	
	教师语言	89.85 ± 1.40	88.13 ± 1.70	87.63 ± 1.72	21.407	0.000**	A＞B A＞C
	教师职业道德	88.54 ± 2.04	88.13 ± 1.53	87.53 ± 2.87	1.987	0.142	
	特殊儿童认知训练	88.43 ± 2.05	85.63 ± 2.87	89.06 ± 2.53	17.623	0.000**	A＞B B＜C
	学前特殊教育概论	89.96 ± 4.29	86.60 ± 4.33	88.59 ± 3.15	6.396	0.002**	A＞B
	学习障碍教育	90.33 ± 1.55	90.17 ± 2.57	89.91 ± 1.75	0.443	0.644	
	智能障碍教材教法	87.87 ± 3.35	86.50 ± 4.52	87.59 ± 3.02	1.357	0.262	
	注意力缺陷过动症	83.72 ± 5.37	81.70 ± 5.28	83.25 ± 4.13	1.523	0.223	

* $p < 0.05$，** $p < 0.01$。1班标记为 A，2班标记为 B，3班标记为 C。

（二）第二课堂的学业成就

1.竞赛活动获奖分析

在公费定向师范生班级（1班）中，班级人数共计46人，其竞赛活动获奖情况如下：在班级获奖方面，共计获得3个班级奖项，其中：1个校级、2个院级奖项；在个人获奖方面，共计获得20次个人奖项，其中：2个省级文体类奖项（4人次），10个院级文体类奖项（17人次）（见表4-19）。

乡贤文化视域下公费定向师范生教育研究

总体来看，在公费定向师范生参与的各种竞赛活动中，公费定向师范生班级共计获得省级以上奖项4人次，校级奖项0人次。

表4-19　公费定向师范生班级（1班）获奖情况

类别	奖项名称
班级奖项	校级团日活动着力培育项目奖
	院级青年志愿者服务先进团支部
	院级团日活动优秀项目奖
省文体类	大学生健美操啦啦操锦标赛甲组健美操规定动作一级套路第二名（2人次）
	大学生健美操啦啦操锦标赛甲组徒手健美操自选动作第三名（2人次）
院文体类	环保手工征集比赛三等奖（3人次）
	教师教育文化节之现场手绘海报设计大赛三等奖（3人次）
	教师教育文化节之现场手绘海报设计大赛优秀奖（2人次）
	教师教育文化节宣传技能竞赛之摄影比赛校园风景组一等奖（1人次）
	教师教育文化节宣传技能竞赛之摄影比赛校园风景组二等奖（1人次）
	教师教育文化节宣传技能竞赛之摄影比赛校园风景组三等奖（3人次）
	教师教育文化节宣传技能竞赛之摄影比赛校园风景组优胜奖（1人次）
	教师教育文化节宣传技能大赛之新闻评论现场写作比赛优秀奖（1人次）
	教师教育文化节之教学设计大赛优秀奖（2人次）

在非公费定向师范生班级（2班）中，班级人数共计30人，其竞赛活动获奖情况如下：共计获得21次个人奖项，其中：2个省创新创业类奖项（4人次），4个省文体类奖项（4人次），1个校文体类奖项（1人次），2个校创新创业类奖项（4人次），3个校文体类奖项（3人次），5个院级文体类奖项（5人次）（见表4-20）。总体来看，在非公费定向师范生参与的各种竞赛活动中，非公费定向师范生班级（2班）共计获得省级以上奖项8人次，校级奖项8人次。

表4-20　非公费定向师范生班级（2班）获奖情况

类别	奖项名称
省创新创业类	"挑战杯"大学生创业大赛大学生创业计划竞赛铜奖（3人次）
	"互联网+"大学生创新创业大赛铜奖（1人次）
省文体类	大学生健美操啦啦操锦标赛甲组健美操规定动作一级套路第二名（1人次）
	大学生健美操啦啦操锦标赛甲组徒手健美操自选动作第三名（1人次）
	大学生健美操啦啦操锦标赛甲组花球规定动作一级套路第八名（1人次）
	大学生健美操啦啦操锦标赛甲组团体总分第四名（1人次）

·160·

第四章　乡土情怀不足：公费定向师范生教育的内在隐忧

续表

类别	奖项名称
校文体类	"外研社"演讲比赛三等奖（1人次）
校创新创业类	"互联网+"大学生创新创业大赛（高校主赛道）一等奖（1人次）
	"挑战杯·创青春"大学生创业大赛银奖（3人次）
校文体类	校级抗击疫情原创心理剧比赛团体一等奖（1人次）
	校级"学习习近平新时代中国特色社会主义思想"比赛团体二等奖（1人次）
	校级心理健康教育系列活动："战疫我们无所畏惧"心理剧一等奖（1人次）
院文体类	院级宣传技能大赛之新闻评论现场写作比赛三等奖（2人次）
	院级宣传技能大赛之微视频、flash动画制作比赛三等奖（1人次）
	院级教师教育文化节之教师语言基本功大赛二等奖（1人次）
	院级教师教育文化节宣传技能竞赛之摄影比赛校园风景组一等奖（1人次）

在非公费定向师范生班级（3班）中，班级人数共计32人，其竞赛活动获奖情况如下：在班级获奖方面，共计获得1个班级奖项；在个人获奖方面，共计获得15次个人奖项，其中：4个省文体类奖项（4人次），3个校文体类奖项（3人次），4个院级文体类奖项（8人次）（见表4-21）。总体来看，在非公费定向师范生（3班）参与的各种竞赛活动中，非公费定向师范生班级共计获得省级以上奖项4人次，校级奖项3人次。

表4-21　非公费定向师范生班级（3班）获奖情况

类别	奖项名称
班级奖项	院级五四红旗团支部
省文体类	大学生田径锦标赛田径项目选拔赛男子甲组跳高第一名（1人次）
	大学生健美操啦啦操锦标赛甲组街舞自选套路团队第八名（1人次）
	大学生健美操啦啦操锦标赛花球规定动作团队第八名（1人次）
	大学生健美操啦啦操锦标赛甲组健美操规定动作一级套路第二名（1人次）
校文体类	校级大学生田径运动会男子普通组跳高第一名（1人次）
	校级大学生田径运动会男子普通组三级跳远第四名（1人次）
	校级"礼赞新中国、奋进新时代"师生大合唱比赛二等奖（1人次）
院文体类	院级宣传技能大赛之现场新闻评论写作比赛三等奖（1人次）
	院级宣传技能大赛之现场新闻评论写作比赛优秀奖（3人次）
	院级教师教育文化节之教学设计大赛三等奖（2人次）
	院级教师教育文化节之教学设计大赛优秀奖（2人次）

综上所述，公费定向师范生共计获得省级以上奖项4人次，校级以上

奖项0人次，人均省级以上奖项获奖率是8.70%，人均校级奖项获奖率为0；非公费定向师范生共计获得省级以上奖项12人次，校级以上奖项11人次，人均省级以上奖项获奖率是19.35%，人均校级奖项获奖率为17.74%。在竞赛活动获奖数量和获奖比率两个方面，公费定向师范生远不及非公费定向师范生。

2. 等级考试成绩分析

公费定向师范生与非公费定向师范生两者之间，在全国大学英语四六级考试中，其考试成绩和合格情况存在显著差异。1班（公费定向师范生班级）的大学英语四级合格率（425分以上）和平均分依次是60.87%、441.07，明显低于2班（非公费定向师范生班级）的86.67%、456.75和3班（非公费定向师范生班级）的84.38%、451.38；1班（公费定向师范生班级）的大学英语六级通过率（425分以上）是8.70%，明显低于2班（非公费定向师范生班级）的16.67%和3班（非公费定向师范生班级）的21.88%（见表4-22）。总体来说，从全国大学英语四六级考试成绩来看，公费定向师范生的学业成就表现明显弱于非公费定向师范生。

表4-22　公费定向师范生与非公费定向师范生大学英语四六级通过情况

	四级合格人数（425分以上）	四级合格率（425分以上）	四级平均分	六级合格人数（425分以上）	六级合格率（425分以上）
1班（N=46）	28	60.87%	441.07	4	8.70%
2班（N=30）	26	86.67%	456.75	5	16.67%
3班（N=32）	27	84.38%	451.38	7	21.88%

3. 担任学生干部情况分析

公费定向师范生班级与非公费定向师范生班级两者之间，在担任学生干部方面，1班（公费定向师范生班级）担任学生干部人数（10人

第四章 乡土情怀不足：公费定向师范生教育的内在隐忧

占班级总人数（46 人）的 21.74%；2 班（非公费定向师范生班级）担任学生干部人数（12 人）占班级总人数（30 人）的 40.00%；3 班（非公费定向师范生班级）担任学生干部人数（12 人）占班级总人数（32 人）的 37.50%。总体来说，相较于非公费定向师范生，公费定向师范生担任学生干部的人数略少、比例偏小，同时非公费定向师范生的学生干部职位要优于公费定向师范生。换言之，公费定向师范生在学生干部任职的学业成就远不如非公费定向师范生。

表 4-23 公费定向师范生与非公费定向师范生担任学生干部情况

1 班担任学生干部情况	
（院）学生会权益部部长	（院）团委组织部干部
（院）学生会生活部部长	（院）宣中美工部干部
（院）勤工义工部副部长	（院）团委文化部干部
（院）宣中编辑部副部长	（院）团委青志中心干部
（院）学生会办公室副部长	（院）团委实践部干部
共计 10 人次	
2 班担任学生干部情况	
（院）学生会社团部副部长	（院）学生会宿管部副部长
（院）学生会女生部部长	（院）就业中心组织部部长
（院）学生会学习部部长	（院）团委文艺部干部
（院）宣传中心编辑部部长	（院）勤工助学中心贷款部部长
（院）宣传中心副主任	（院）勤工助学中心办公室部长
（院）学生会学习部副部长	（院）勤工助学中心基金会部长
共计 12 人次	
3 班担任学生干部情况	
（校）党建办副主任	（院）学生会学习部副部长
（校）新媒体中心采编部干部	（院）勤工助学中心办公室副部长
（校）2019 级学前教育 1 班助理班主任	（院）就业创业中心考研部部长
（校）2019 级特殊教育 2 班助理班主任	（院）学生会外联部副部长
（校）尚志一苑学生公寓楼委会主任	（院）宣中美工部干部
（院）心理系和特殊教育系联合学生党支部副书记	（院）勤工中心义工部副部长
共计 12 人次，其中校级学生干部 5 人	

三、研究讨论:"专业至上"的学业成就

基于第一课堂与第二课堂联动学习的分析框架,通过对比公费定向师范生与非公费定向师范生的学业成就表现,结果发现:在第一课堂的学业成就上,公费定向师范生的学业成绩明显优于非公费定向师范生;在第二课堂的学业成就上,公费定向师范生的学业表现明显劣于非公费定向师范生。第一课堂是建立在班级教学之上的专业课程学习,侧重于提升学生的专业知识与能力;第二课程是建立在课堂教学之外的教育教学活动,偏向于发展学生的实践能力与综合素质。以此来看,公费定向师范生的学业成就总体表现出一种"专业至上"的行为特征与情感倾向。

(一)公费定向师范生的专业课程学业成就水平较高

基于第一课堂学习成绩的数据分析发现,公费定向师范生的专业课程学业成就水平高于非公费定向师范生。本研究把第一课堂中的专业课程分成模块课程和单科课程两个类别,分别对同一教育情境下公费定向师范生与非公费定向师范生的17门专业课程学习成绩进行分析。其中:模块课程分为学科基础课程、专业必修课程和专业选修课程三大类;学习成绩分为平时成绩、期末成绩和总评成绩三大类。总的来说,无论是从学科基础课程、专业必修课程和专业选修课程,抑或是从平时成绩、期末成绩和总评成绩,在大多数专业课程的学习成绩上,公费定向师范生明显高于非公费定向师范生,公费定向师范生与非公费定向师范生两者之间存在显著性差异。公费定向师范生的专业课程学业成就水平较高,表明他们的学习投入度、专业喜好度、专业认知度较高。受到公费定向师范生教育政策之影响,公费定向师范生在很大程度上了解和懂得专业学习的重要性和必要性,

第四章 乡土情怀不足：公费定向师范生教育的内在隐忧

知道和明白大学毕业以后的就业方向，因此，他们具有良好的专业认同感和专业归属感，专业课程学业成就表现优异不言而喻。

（二）公费定向师范生的第二课堂学业成就水平较低

基于第二课堂学习成就的数据分析发现，公费定向师范生课外活动学业成就水平低于非公费定向师范生。第二课堂是在第一课堂之外的时间开展的，以丰富的资源和空间为载体展开的政治性、学术性、知识性、健身性、娱乐性、公益性等活动。本研究重点对比分析了第二课堂中公费定向师范生与非公费定向师范生的竞赛获奖、等级考试和干部任职等情况。从竞赛获奖情况来看，公费定向师范生46人，个人奖项数仅有20人次，比率为43.48%，竟不足班级总人数的一半，而非公费定向师范生62人，但个人奖项数达到了36人次，比率为58.06%，占比远大于公费定向师范生。同时，非公费定向师范生的省级、校级奖项远多于公费定向师范生。从等级考试情况来看，以全国大学英语四级考试为例，非公费定向师范生班级的四级考试合格率（425分以上）和平均分，明显高于公费定向师范生。从担任学生干部情况来看，虽然各个班级担任人数相近，但是公费定向师范生班级学生干部占班级人数比例低于非公费定向师范生班级。因此，不同于第一课堂专业课程学业成就的对比结果，在第二课堂的学业成就上，公费定向师范生明显弱于非公费定向师范生。调查发现：学生干部、资格证书、学历学位等因素，是影响毕业生求职的显著因素。[①] 但公费定向师范生很有可能困于"就业保障"的影响，在"安分守己"地完成专业课程

---

① 岳昌君，张恺.高校毕业生求职结果及起薪的影响因素研究——基于2013年全国高校抽样调查数据的实证分析[J].教育研究，2014（11）：72-83.

的学习任务以后，不像非公费定向师范生那样，为了更好地获得"就业岗位"，努力提升自我的综合素养，积极参加各种第二课堂活动，获得更多的证书、奖项。因此，如何激发公费定向师范生的第二课堂学业成就成为一个现实难题。

（三）公费定向师范生怀有"专业至上"的学业成就观念与行为

基于第一课堂和第二课堂学业成就的对比分析，公费定向师范生整体表现出一种"专业至上"的学业成就观念与行为。第一课堂是教学计划和教学大纲规定下的课堂教学，公费定向师范生主要以专业课程学习、专业知识获得和专业能力训练为主要任务。"第二课堂，简单来讲就是区别于课堂学习（第一课堂）的一种从课外的学习、活动、实践中获取知识和技能，从而实现大学生综合素质全面提高的一种成才成长方式。"[1]在第二课堂中，公费定向师范生与非公费定向师范生主要以实践能力养成和综合素养发展为主要任务。公费定向师范生的第一课堂学业成就水平较高而第二课堂学业成就水平较低，在一定程度上折射出"专业至上"的教育意蕴。"专业至上"的学业成就观念与行为强调对专业学习的积极情感、正确态度和合理行动。之所以出现这样的结果，可能与公费定向师范生教育政策内容的规定有关。比如，广东省公费定向培养粤东粤西粤北地区中小学（幼儿园）教师协议书中规定，公费定向师范生有义务"在校学习期间原则上不得申请转学或调整专业"，"按时完成培养院校规定的教育教学计划，达到教育培养方案的要求，并取得相应学历毕业证书或学位证书"，如若"未能在基本修业期内获取毕业证书或学位证书"，将会面临解除协议的风险。

---

[1] 李同果.高校第二课堂活动课程体系探讨[J].教育评论，2009（2）：74-76.

第四章 乡土情怀不足：公费定向师范生教育的内在隐忧

因此，在就业保障和契约机制的双重影响下，专注于专业学习而疏远非专业学习，自然而然成为契合公费定向师范生自身利益的合理选择。

四、研究结论：“后天缺失”的乡土情怀

第一，公费定向师范生"专业至上"的学业成就表现，容易造成专注于专业课程学习，陷身在"单面人"发展的铁笼里，并在以城市化为文化取向的公费定向师范生教育环境下，加剧公费定向师范生乡土情感的淡漠。公费定向师范生选择公费定向师范专业之时，乡土情怀本就不足，在进入培养院校之后，学习投入恰又遭遇"专业至上"，进而导致学习过程中乡土情怀的"后天缺失"。

第二，公费定向师范生的第二课堂学业成就水平较低，根本指向自我内在发展动力不足，同时折射出自主意识和自治精神匮乏，难以充当视野开阔、思想深邃、完善自我的乡村知识分子角色。"学生干部经历对一个人的社会化，尤其是人格发展、社会态度的形成和社会角色的获得以及政治成长、职业选择、自治能力和民主精神的熏陶有着非同一般的影响。一般来说，担任过学生干部的人比普通学生在组织纪律性、工作能力、政治启蒙和社交能力上有较大优势。"[1] 相较于非公费定向师范生，公费定向师范生并不热衷于担任学生干部，轻视学生干部经历之自我综合素养发展的重要意义，漠视"以身作则（Modeling the Way）、共同愿景（Inspiring a Shared Vision）、挑战过程（Challenging the Process）、使众人行（Enabling Others to Act）、激励人心（Encouraging the Heart）"等学生干部领导能力

---

[1] 吕鹏.中国社会转型期的学生干部群体及学生干部制度[J].当代青年研究，2001（4）：15–18.

的养成。①公费定向师范生倦怠于第二课堂的教育活动，成为缺乏"自由行动"的犬儒主义者，在某种意义上就是一种"平庸之恶"。这样的自我发展，不可能承担对乡村社会和乡村教育的责任和使命，更遑论乡土情怀养成了。

第三，公费定向师范生重视第一课堂而轻视第二课堂的学业成就发展特点，并不利于自身人力资本的增值增量，导致服务乡村教育、任教乡村学校、奉献乡村社会的知识与能力的薄弱。"人力资本是指存在于人体之中的具有经济价值的知识、技能和体力（健康状况）等质量因素之和。人力资本这一核心变量包含3个基本要素：知识要素（所学专业、学位情况、学习成绩、获奖情况）、技能要素（学生干部、工作经历、培训经历、资格证书）和健康要素（身体状况、患病情况）。"②因此，公费定向师范生消极对待竞赛活动、等级考试、干部任职，等同于削弱自我的人力资本发展，忽视乡土情怀养成的知识与技能的积累。

总而言之，虽然公费定向师范生的专业课程学业成就水平较高，但是第二课堂学业成就水平较低，这一"专业至上"的学业成就观念与行为，不利于乡土情怀的养成与发展。在"先天不足"的催化下，乡土情怀面临着"后天缺失"的危险境地。

---

① Posner B Z, Brodsky B. A Leadership Development Instrument for College Students [J]. Journal of College Student Development, 1992, 33（4）：231-237.

② 宛恬伊. 大学生职业地位获得实证研究 [J]. 青年研究, 2005（12）：24-31.

第四章 乡土情怀不足：公费定向师范生教育的内在隐忧

本章结语

　　乡土情怀是乡村教师专业成长的必备品质和关键能力。"要想完成乡村教育的使命，属于什么计划方法都是次要的，那超过一切的条件是同志们肯不肯把整个心献给乡村人民和儿童。真教育是心心相印的活动。唯独从心里发出来的，才能打到心的深处。"[1]因此，公费定向师范生教育强调乡土情怀养成，具有重要的现实意义。

　　基于入学动机和学业成就的实证分析发现：公费定向师范生整体表现出为"免费教育"而来的第一入学动机，持"专业至上"而学的学业成就观念，乡土情怀"先天不足"且"后天缺失"。作为乡村学校公费定向师范生教育计划的主体，如果公费定向师范生身心没有充满乡土情怀，对乡村教育淡然面对、对乡村儿童例行公事、对乡村文化不管不问、对乡村社会置若罔闻，则难以具有对乡村教育事业和乡村振兴发展的责任感、使命感以及担当感。更进一步说，缺乏乡土情怀的公费定向师范毕业生，任教乡村可能只是一种纯粹的"契约行为"，即使做到了"下得去""留得住"，但也难实现"教得好""有发展"。

　　诚然，公费定向师范生乡土情怀不足，成为公费定向师范生教育的一个内在隐忧。公费定向师范生教育要使教育过程凸显对乡土情怀养成的关照，需要调整第二课堂对公费定向师范生的想象，显现第二课堂之于公费定向师范生生命成长和专业发展的教育意蕴，拓展第二课堂的内在价值，培养公费定向师范生的乡土情怀。

---

[1] 陶行知.陶行知全集：第2卷（第二版）[M].成都：四川教育出版社，2005：363.

第五章　乡贤文化自觉：
公费定向师范生教育的价值定向

乡村学校公费定向师范生教育计划旨在培育乡村教师，但城市中心导向与乡土情怀不足的公费定向师范生教育实践表明：培养活动具有"离农""离乡""离土"的发展倾向，同时缺失"乡村属性"，导致公费定向师范生与乡村教育、乡村学校、乡村社会逐渐隔阂和疏远，进而背离了乡村学校公费定向师范生教育计划的宗旨。公费定向师范生教育亟须跳出"城市化"的窠臼，回归培育乡村教师的政策初衷。与此同时，在乡村振兴战略背景下，乡村教师被赋予了"成为时代新乡贤"的重要使命和重要角色。"乡村振兴战略赋予乡村教师角色以崭新的含义和鲜明的时代特征，他们不再是传统教书匠的角色，而是具有专业性和公共性双重角色；他们在完成乡村学校教育教学工作任务之余，还要承担国家使命和公共教育服务的职责；他们是新乡贤的重要代表，在乡村振兴战略中理应发挥重要的

第五章 乡贤文化自觉：公费定向师范生教育的价值定向

示范引领作用。"[1]职是之故，作为培育乡村教师的公费定向师范生教育，有责任且有义务回应乡村教师成为时代新乡贤的角色诉求，建构公费定向师范生的新时代乡村教师乡贤形象。"乡贤文化既体现乡贤热爱家乡、建设故里、乐于担当的情怀，又饱蕴见贤思齐、助人为乐、崇德向善的正能量，在垂范乡里、化育乡邻，维护乡村秩序、促进基层社会平稳发展等方面曾产生巨大而深远的影响。"[2]不难看出，以乡贤文化自觉作为公费定向师范生教育的价值定位，既能够满足公费定向师范生朝向时代新乡贤发展的社会诉求，又有利于解决城市中心导向与乡土情怀不足的教育难题。因此，公费定向师范生教育应当秉承乡贤文化理念，重视乡贤文化实践，加强"乡贤文化自觉"。也就是说，培养院校通过各种教育活动促使公费定向师范生了解到乡贤文化的精神内涵和行为表征，怀有想要成为时代新乡贤的积极愿望，养成时代新乡贤的必备素养和关键能力，同时清醒认识到城市教育价值观念的长处和缺陷，在此基础上学会正确处理城乡文化融通、城乡教育发展、城乡社会发展等一系列关系和问题的意识状况、价值追求和精神境界。循此路径，受到乡贤文化塑造的公费定向师范生，想必会具有深厚的乡土情怀，热爱乡村教育，愿意扎根乡土，一定程度上能在乡村振兴战略中主动担当新乡贤角色，积极发挥新乡贤示范作用。

---

[1] 肖正德.论乡村振兴战略中乡村教师的新乡贤角色[J].教育研究，2020（11）：135-144.

[2] 钱念孙.乡贤文化为什么与我们渐行渐远[J].学术界，2016（3）：38-44.

第一节　公费定向师范生教育的乡贤文化自觉

何谓文化自觉？"文化自觉"的提出者费孝通认为："文化自觉是指生活在一定文化中的人对其文化有'自知之明'，并且对其发展历程和未来有充分的认识。同时，文化自觉指的又是生活在不同文化中的人，在对自身文化有'自知之明'的基础上，了解其他文化及其与自身文化的关系。"[①]从本意上看，文化自觉是文化主体对自身文化的来历、形成、特征和趋向所产生的认知、理解、反思和研判，它展现了正确认识自身文化的长处与短处、他者文化的优势与不足以及两者之间复杂关系的自主能力。从过程上看，"增强文化自觉，具体来说就是做到三个高度自觉，即地位认识上高度自觉、规律把握上高度自觉、责任担当上高度自觉"[②]，最终促成费孝通所提出的不同文化之间"各美其美，美人之美，美美与共，天下大同"的理想境地。面对城市中心导向与乡土情怀不足的公费定向师范生教育，乡贤文化自觉就是在公费定向师范生教育中高度认识乡村文化、乡村教育、地方知识的重要地位，高度把握城市文化、城市教育、普遍知识的发展规律，高度担当城乡文化、城乡教育、科学知识的融合责任。

一、各美其美：凸显"乡土性"

乡贤文化的重要基础是乡贤，乡贤是生成乡贤文化的必要条件，没有乡贤的存在，就无所谓乡贤文化。"乡贤"是"贤"于"乡"之"贤"，

[①] 费孝通.反思·对话·文化自觉[J].北京大学学报（哲学社会科学版），1997（3）：15-22.

[②] 云杉.文化自觉 文化自信 文化自强——对繁荣发展中国特色社会主义文化的思考（上）[J].红旗文稿，2010（15）：4-8.

第五章　乡贤文化自觉：公费定向师范生教育的价值定向

具有地域性的特点，而地域性是跟乡村场域或乡村空间相关的，因而乡贤文化来源于"乡土"，是奠基于乡村场域或乡村空间之上而形成的文化类型。"乡贤文化是扎根于中国传统乡村社会的一种文化现象，它以乡愁为基因、以乡情为纽带、以乡贤为楷模、以乡村为空间，以实现乡村经济发展、社会稳定、村民安居乐业为目标的一种文化形态。"[①]从中不难发现，热爱乡土、奉献乡里、关注乡村建设、推动乡村发展是乡贤文化的主要内容，"乡土性"是乡贤文化的一个主要特点。乡贤文化自觉，其"自知之明"首先必须意识到"乡土性"在乡贤文化发展、特征和未来趋势中的重要地位。因此，公费定向师范生教育的乡贤文化自觉，先要体现出"各美其美"，从乡贤文化本身来讲，就是高度认识"乡土性"之于公费定向师范生培养的重要意义。"乡土性"既是促进公费定向师范生成为时代乡贤的基础素养，又是破解城市中心导向与乡土情怀不足的关键因素。

在公费定向师范生培养过程中，高度认识"乡土性"存在的重要意义，具体指向对乡村文化、乡村教育、地方知识的重要地位的高度认识。公费定向师范生教育不仅要在课程设置上体现乡村文化、乡村教育、地方知识的教育内容，更重要的是从价值上引导公费定向师范生认识到乡村文化、乡村教育、地方知识的重要性和独特性，即乡村文化、乡村教育、地方知识是人类文化、人类教育、科学知识的一种类型，并不低于城市文化、城市教育、普遍知识，乡村文化、乡村教育、地方知识具有不同于城市文化、城市教育、普遍知识的独有特点和存在价值。进一步而言，在公费定向师范生教育中高度认识乡村文化、乡村教育、地方知识的重要地位，更为本

---

① 钱静，马俊哲.国内新乡贤文化研究综述［J］.北京农业职业学院学报，2016（4）：51–55.

质的问题实际不在于课程结构中的位置次序、课程内容上的比重关系,而是看是否正确地传递了乡村文化、乡村教育、地方知识的社会价值,以及作为一种文化类型、教育类型和知识类型应有的权利和位置。另一方面,公费定向师范生教育要增进公费定向师范生对乡村文化、乡村教育、地方知识的经验积累和情感体验,使他们在认知上厘清乡村文化、乡村教育、地方知识对自身以后专业发展和日常生活的影响,在情感上认同乡村文化、乡村教育、地方知识的内在意义。

由于公费定向师范生教育旨在培育乡村教师,凸显"乡土性"是实施公费定向师范生教育的内在要求。换言之,公费定向师范生教育本来就该凸显"乡土性","乡土性"是公费定向师范生教育的基本底色。无论是培养院校的培养目标定位还是课程结构体系,无论是在读学生的入学动机改造还是学业成就引导,"乡土性"在其中占据着重要地位。基于乡贤文化自觉而提出凸显"乡土性",可谓公费定向师范生教育的"自知之明",是对公费定向师范生教育文化立场的重新肯定,是对公费定向师范生培养文化偏向的价值纠偏,是对公费定向师范生群体乡土情怀的深度教化。

二、美人之美:欣赏"城市化"

现代世界是一个多样性、多元化、多形态的文化世界,传统文化与现代文化对峙,城市文化与乡土文化并存,东方文化与西方文化抗衡,精英文化与大众文化相持,网络文化与现实文化对立,等等。对待他者文化,某一文化主体的文化自觉不是一种"文化霸权",不是占据优势的文化对处在弱势的文化进行干预和同化,而是坚持推己及人的思维尊重和欣赏他者文化,以平等、开放、包容的心态"美人之美"。由此来看,公费定向

第五章　乡贤文化自觉：公费定向师范生教育的价值定向

师范生教育的乡贤文化自觉，是在肯定、认同、尊重乡村文化、乡村教育、地方知识的同时，在凸显"乡土性"之"各美其美"的同时，能够感同身受地认识到城市文化、城市教育、普遍知识的存在价值和重要地位，继而营造城乡文化、城乡教育、科学知识之间的"美美与共"，构建彼此尊重、平等对话的良好环境。立足于乡贤文化自觉的公费定向师范生教育，意味着不是从"城市化"一端转向"乡土性"一端，以"乡土性"压倒"城市化"，把城市文化、城市教育、普遍知识视为乡村文化、乡村教育、地方知识的对立面，而是带着尊重的姿态、平等的理念、包容的态度理性对待城市文化、城市教育、普遍知识，欣赏"城市化"公费定向师范生教育。

欣赏"城市化"公费定向师范生教育，首先，培养院校要意识到"城市化"是教师职前教育面对的重要生存境遇，它不是教师职前教育刻意选择了城市文化、城市教育、普遍知识，而是"城市化"本身是一种社会历史过程，教师职前教育"城市化"是一个客观的必然过程，甚至是不可撼动的发展趋势。其次，培养院校要看清楚虽然"城市化"公费定向师范生教育不是人们随心随意的主观行动结果，但也是教育者有意识、有计划、有目的的主体营造过程，它不同于自然物生长过程那样自发行进，是在城市文化、城市教育、普遍知识的价值观念笼罩下，以城市化教育科学知识为其向度的社会历史过程。最后，培养院校要明白欣赏城市文化、城市教育、普遍知识，不能形成盲目顺从的"文化崇拜"，匍匐在"城市化"道路的迷途里，要牢记培育乡村教师的公费定向师范生教育不要被强行纳入"城市化"的主流话语中去，或为普遍知识的强势教育价值观念所放逐，就要在欣赏"城市化"的同时，学会对"城市化"做出文化的、价值的拷问，提高乡土文化的自觉和自信。

按照乡贤文化自觉的美人之美来理解，"城市化"是当前公费定向师范生教育重要的生存现实，同时也是公费定向师范生教育作为自觉生存的主体之必要。公费定向师范生教育倡导乡贤文化自觉的理念，绝不意味着要置身于"城市化"教师教育的进程之外。如前所述，"城市化"公费定向师范生教育也是有其客观必然性的，在某种程度上，它是一种"非此不可"的过程。为此，乡贤文化自觉下的公费定向师范生教育，不仅要对现行的占强势形态的城市文化、城市教育、普遍知识的价值与意义做出拷问与批判，还要以主动与自动的姿态参与到"城市化"之中，并在这一过程中，以一种"乡土性"文化主体的身份去探寻"城市化"公费定向师范生教育的可能的空间、合理的走向、存在的限度。

三、美美与共：增进"融合性"

"正确认识不同群体拥有的独特的文化、历史和经历将不可避免地粉碎对相似的同质性表述。"[①]文化自觉强调文化之间是对立统一的矛盾关系，在互相包容、互相学习、互相交流、互相促进中，各种文化共同形成一个异彩纷呈的文化世界。"文化自觉不是文化保守主义，也不是搞文化对垒或文化冲突，更不是奉行文化独尊，而是搞文化交流、文化共处、文化促进等。"[②]公费定向师范生教育的乡贤文化自觉，不是保留"乡土性"而消灭"城市化"的二元对立思维，而是厘清乡土文化与城市文化、乡村教

---

① ［英］史蒂文森.文化公民身份：全球一体化问题［M］.王晓燕，王丽娜，译.北京：北京大学出版社，2011：61.

② 邱柏生.论文化自觉、文化自信需要对待的若干问题［J］.思想理论教育，2012（1）：14–19.

第五章 乡贤文化自觉：公费定向师范生教育的价值定向

育与城市教育、地方知识与普遍知识之间的关系，既是对立的，又是统一的，"乡土性"与"城市化"可以增进"美美与共"的深度融合。基于乡贤文化自觉的教育理念，公费定向师范生教育不能因为确认乡土文化、乡村教育、地方知识就否定城市文化、城市教育、普遍知识，既要确认乡土文化、乡村教育、地方知识之于公费定向师范生的必然性、合理性和重要性，也要确认城市文化、城市教育、普遍知识之于公费定向师范生的必然性、合理性和重要性，增进两者之间的"融合性"。

当然，依照乡贤文化自觉的理念，公费定向师范生教育中乡土文化与城市文化、乡村教育与城市教育、地方知识与普遍知识的关系，是一种主客体既对立又统一的关系和过程。首先，公费定向师范生教育对乡土文化、乡村教育、地方知识的自觉与对城市文化、城市教育、普遍知识的知觉，两者是决然不同的，对乡土文化、乡村教育、地方知识的自觉自信表示着对自己文化的确认和确信态度，而对城市文化、城市教育、普遍知识的知觉是指认识到其长处与优势，同时也清醒地意识到城市文化、城市教育、普遍知识的弱势与不足，但不会有意识地去张扬它。另一方面，乡土文化与城市文化、乡村教育与城市教育、地方知识与普遍知识又是紧密相连的，不能因为秉持乡贤文化自觉的公费定向师范生教育就否定、贬损、摈弃城市教育、地方知识与普遍知识。在公费定向师范生教育中，既要做到对乡土文化、乡村教育、地方知识的高度自信，同时也要对城市文化、城市教育、普遍知识表示尊重和信任，相信城市文化、城市教育、普遍知识的优势性、可行性、普适性等，相信城市文化、城市教育、普遍知识对于公费定向师范生的专业成长和职业发展，同乡土文化、乡村教育、地方知识对于公费定向师范生的专业成长和职业发展一样重要。

"基于教育的不同侧面而形成的不同的教育价值理论各执一端,虽属片面认识,但一种片面的认识可以诱发出另一种片面认识,多种片面认识也可以诱发出较为全面的认识;经过在各个侧面上深入探索,可以把肤浅的全面认识升华为比较深刻的全面认识;其实不管哪一种教育价值取向,无不植根于一定的社会土壤。其盛衰枯荣,实同其社会背景有关。"① 建立在乡贤文化自觉基础上的公费定向师范生教育,既有助于克服"乡土性"文化独尊和文化自傲,也有助于克服"乡土性"文化自卑和文化盲从,是一种在乡土文化、乡村教育、地方知识上知己知彼的高度自觉。"美美与共"乡贤文化自觉诉求,促使公费定向师范生培养不但要对城市文化、城市教育、普遍知识展开自觉追求,学习、吸纳、转化有利因素为己所用,而且大胆地推介和宣扬乡土文化、乡村教育、地方知识,防止文化相互交流、文化相互促进、文化相互学习时"乡土性"被"城市化"所"吞噬",增进"乡土性"与"城市化"之间的"融合性"。

第二节 公费定向师范生教育的乡贤文化实践

马克思主义实践哲学认为,"解释教育世界"的不同方式固然重要,但问题的关键和重点在于"改变教育世界"。"实践哲学的本质特征是改变世界,'使现存世界革命化'。基于这个本质特征,解释和认识世界不是实践哲学的中心,也不是它的终点,仅是它的工具,是为改变世界服务的工具。"② 运用不同的方式解释公费定向师范生教育,不是公费定向师

---

① 陈桂生.教育原理(第2版)[M].上海:华东师范大学出版社,2000:189-190.
② 董标.马克思主义教育思想论纲(修订本)[M].徐州:中国矿业大学出版社,1999:46.

第五章 乡贤文化自觉：公费定向师范生教育的价值定向

范生培养的中心和终点，而是为改变公费定向师范生培养活动服务的工具。立足于乡贤文化自觉探讨公费定向师范生教育亦是如此。"文化自觉既是一种文化意识，又是一种文化价值观，更是一种文化实践论。"[①] 受乡贤文化自觉理念引领的公费定向师范生教育，不仅在于教育教学观念的变革与阐释，而且在于教育教学实践的改变与发展。公费定向师范生教育需要从乡贤文化自觉走向乡贤文化实践，乡贤文化实践是公费定向师范生教育变革的工具。公费定向师范生教育的乡贤文化实践，是在运用乡贤文化自觉理念解释公费定向师范生教育的基础上展开的改变公费定向师范生教育的社会活动。基于目的——手段——结果的实践结构，公费定向师范生教育的乡贤文化实践至少要在培养目标、课程体系、学习投入三个方面体现乡贤文化自觉的价值诉求。

一、热爱教育与热爱乡土结合的培养目标定位

因为"教育目的关系到教育者把受教育者培养成为、受教育者把自己发展成为什么样的社会角色和具有什么样的素质的根本问题，是教育实践活动的出发点和归宿。任何教育理论和实践，首先就是教育目的的理论和实践"[②]，因而立足于乡贤文化自觉的公费定向师范生教育实践，首要之务是从作为教育目的具体化的培养目标的改变开始的，是从培养什么样的公费定向师范生的定位和构想开始的。在培养目标上，公费定向师范生教育的乡贤文化实践表现为热爱教育与热爱乡土结合的培养目标定位。乡贤

---

① 李宗桂.文化自觉与文化发展[J].中山大学学报（社会科学版），2004（6）：161-165.

② 扈中平.教育目的论[M].武汉：湖北教育出版社，2008：182.

文化自觉强调城乡文化与城乡教育之间的独立（各美其美）、尊重（美人之美）、融合（美美与共）。以此意义，培养公费定向师范生的定位和构想，既要促使公费定向师范生热爱教育事业、坚定从教信念、养成高尚师德，立志成为"四有"好教师，又要促使公费定向师范生热爱乡村教育、涵育乡土情怀、关爱乡村儿童，积极投身乡村学校教育改革与发展。

一方面，乡贤文化自觉要求培养热爱教育的公费定向师范生。乡贤文化自觉并不排斥城市文化、城市教育、普遍知识，反而尊重和欣赏"城市化"公费定向师范生教育。培养热爱教育的公费定向师范生是乡贤文化自觉的应有之义。热爱教育是指公费定向师范生要从内心深处自主自愿选择教师职业，具有投身教育、长期从教、终身从教的理想信念，具有依法执教、率先垂范、见贤思齐的道德情操，具有人文底蕴、科学精神、教学素养的扎实学识，具有关爱学生、循循善诱、诲人不倦的仁爱之心。另一方面，乡贤文化自觉要求培养热爱乡土的公费定向师范生。公费定向师范生教育培养乡村教师的目的诉求，决定了热爱乡土应是公费定向师范毕业生的必备素养和关键能力。乡贤文化自觉要求高度认识"乡土性"之于公费定向师范生培养的重要意义，因而在强调培养热爱教育的公费定向师范生的同时，强调培养热爱乡土的公费定向师范生。热爱乡土是指公费定向师范生要能认可和接受当前乡村教师的地位和待遇，愿意回到乡村学校工作，感悟乡村教师的教育情怀，坚守乡村教师岗位，融入乡村社会，关爱留守儿童，相信自己能成为乡村学生锤炼品格、学习知识、创新思维、奉献祖国的引路人，积极投身于乡村学校教育改革与发展。

热爱教育与热爱乡土结合的培养目标定位，作为乡贤文化自觉在公费定向师范生教育实践中的重要体现，具有一定的合理性。公费定向师范生

第五章　乡贤文化自觉：公费定向师范生教育的价值定向

教育作为一项培养"乡村教师"的事业，如果公费定向师范生没有热爱乡土的情感和信仰，没有积极投身乡村教育的价值诉求和不懈追求，即使毕业以后"下得去"，结果仍然是不堪设想的。与此同时，公费定向师范生教育作为一项培养"教师"的社会实践活动，必须把公费定向师范生当"人"看，把公费定向师范生当"目的"看，把公费定向师范生当有其需要和兴趣的主体看。公费定向师范生如果没有热爱教育的理想和信念，如果没有对投身教育事业、从事教师职业的努力和想象，就很容易丧失作为教师的价值根基，更遑论任教于乡村学校了。只有热爱教育与热爱乡土相互结合，才能培养真正意义上的乡村教师，才能培养超越乡村教师的发展可能，继而满足公费定向师范生人生发展的多元诉求。

在现实教育中，大多数培养院校的公费定向师范生教育将培养目标定位于培养普遍意义上的"高素质教师"，或者面向乡村地区的"优秀乡村教师"，应该来说都有特定的合理性和针对性。但从教育人学立场来看，热爱教育与热爱乡土相结合的"人"之培养目标定位，没有仅仅把公费定向师范生当作有用的工具来培养，而是把他们看作完整丰富的人来培养，高度关注了公费定向师范生的职业发展和人生幸福。热爱教育与热爱乡土的"教师"，可以包含普遍意义上的"高素质教师"、面向乡村地区的"优秀乡村教师"，却不能用其中一个来代替，否则，公费定向师范生教育要么很难适用于"乡村教育"，要么只能适用于"乡村教育"，公费定向师范生的个体发展就难免片面。

二、师范知识与乡土知识协同的课程体系建构

课程是实现公费定向师范生培养目标的重要手段。没有课程计划和课

程设置，公费定向师范生教育的乡贤文化实践如同空中楼阁，成为悬置于教育场域的虚幻的理论与计划。"课程计划是按照一定意图设计的，这个意图同教育目的相关。'课程'的实施不能不诉诸'教学'，而'课程'是'课程'，'教学'是'教学'。有了'课程'设置，才谈得上这种课程的实施。"[①]因此，立足于乡贤文化自觉的公费定向师范生教育实践，其重要环节是建构切实可行的课程体系。在课程体系上，公费定向师范生教育的乡贤文化实践表现为师范知识与乡土知识协同的课程体系建构。其中，师范知识强调课程体系、课程模块、课程内容，充分彰显师范教育的价值理念和文化观念，如师德规范、教育情怀、学科素养、教学能力、班级指导、综合育人、学会反思、沟通合作等方面的课程开发与设计；乡土知识强调课程体系、课程模块、课程内容，突出乡土文化的价值理念和内在精神，如乡村教育、乡村学校、乡村社会、乡土习俗、乡土故事、乡土名人、乡土艺术、乡村地理等方面的课程开发与设计。

其一，建构师范知识为主的公费定向师范生教育课程体系。可以采用"教育平台"与"课程模块"相结合的形式，优化通识教育类课程、专业教育类课程、教师教育类课程、实践教育类课程的体系结构，满足公费定向师范生全面掌握教育教学知识、发展教育教学能力的需要。从促进学生全面而有个性地发展的教育信念，到理解学生身心发展和养成教育规律，从学科的基本知识、基本原理和基本技能，到课程与教学的基本观念、原理和技术，等等，全部达到师范教育的基本要求。其二，建构乡土知识为辅的公费定向师范生教育课程体系。在通识教育类课程中，加入乡土习俗、

---

① 陈桂生.教育学视界辨析[M].上海：华东师范大学出版社，1997：117–118.

第五章 乡贤文化自觉：公费定向师范生教育的价值定向

乡土故事、乡土名人、乡土艺术、乡村地理等研究方面的课程，让公费定向师范生全面、准确、深入地理解乡村社会，认识到中国乡村社会的特点与优势。在专业教育类课程和教师教育类课程中，开设乡村教育改革、乡村学校发展、乡村教师发展、乡村留守儿童教育等课程，为公费定向师范生进入乡村学校开展教育教学工作做必要准备。在实践教育类课程中，强化公费定向师范生对乡村及乡村学校的系统学习和教育经历，深入乡村场域开展教育考察、教育见习、教育实习、教育研习、毕业论文（设计）、社会调查等。

在"城市化"公费定向师范生教育"欣欣向荣"的现实背景下，建构师范知识与乡土知识协同的课程体系，重在建构乡土知识为辅的公费定向师范生教育课程体系。按照乡贤文化自觉的价值理念，表征乡土知识的课程设计，重在促使公费定向师范生知道、理解、反思乡村学校、乡村教育、乡村教师的原理与特性，弄清楚"乡村教育是什么、乡村学校为什么衰败、乡村教育为什么落后、乡村教师如何做"等一系列根本问题。建构乡土知识为辅的公费定向师范生教育课程体系，旨在帮助公费定向师范生理解城市教育与乡村教育的差异，掌握乡村教育教学规律、原则、方法、技能与特点，塑造融入乡村社会的思想认同和情感认同，进而提高在乡村学校实际工作和生活的能力与热情。

"公费师范生同时携带了师范文化与乡土文化这两种文化因子。只有这两种因子协同，才有助于公费师范生的生命走向成熟丰满。'城市取向'的公费师范文化，必然导致乡土文化被遮蔽的严重后果。其一，导致公费师范生对乡土文化的疏离。其二，造成公费师范生乡土情感的淡漠。其三，最严重的后果是导致公费师范生逃离乡村世界。"①因此，构建师范知识与乡土知识协同的课程体系，引导"城市化"与"乡村化"的公费定向师范生教育，帮助公费定向师范生获得胜任乡村教育的知识与技能，以及适应乡村环境的生存能力，正好体现了师范性与乡土性的统一。

三、个体需要与家国期待并举的学习投入引导

作为一种主客体相互作用的表现形式，公费定向师范生教育的乡贤文化实践包含教育目的、教育手段、教育结果三个环节。"实践过程就是预期目的和现实手段相互联系、相互作用，并获得现实结果的过程。"②在公费定向师范生教育的乡贤文化实践过程中，如果说热爱教育与热爱乡土结合的培养目标定位是"教育的预期目的"、师范知识与乡土知识协同的课程体系建构是"教育的现实手段"，那么公费定向师范生的身心发展则是"教育的现实结果"。在教育世界，人的发展不仅具有受动性，而且具有主动性。而公费定向师范生的学习投入既较好地体现了个体主动性一面，又真正体现了"教育的现实结果"。在学习投入上，公费定向师范生教育的乡贤文化实践应表现为个体需要与家国期待并举的学习投入引导。立足于乡贤文化自觉的公费定向师范生教育实践，个体需要主要是指满足公费定向师范生生存生活的需要、职业发展的需要和社会尊重的需要，凸显个人私利，家国期待主要是指公费定向师范生养成勇担重任、保家卫国、心怀天下的家国情怀，彰显公共精神。

---

① 冯誉萱，刘克利.公费定向师范教育协同：价值、经验与需要［J］.大学教育科学，2019（5）：68-74.

② 陶富源.目的与手段的矛盾及其哲学定位［J］.现代哲学，1998（2）：76-80.

第五章 乡贤文化自觉：公费定向师范生教育的价值定向

乡贤文化自觉不能无视个人私利。"人关心自己的利益，这是道德生存的本质；人必须受益于自己的道德行为"，拥有"自私的德行"。① 在公费定向师范生教育实践中，为了满足他们的生存生活的需要、职业发展的需要和社会尊重的需要，培养院校需要引导公费定向师范生积极参与学习活动，圆满完成学习任务，保持一种沉浸其中的行为状态。换句话说，公费定向师范生培养活动要让公费定向师范生知道和明白，学习公费定向师范专业、成为公费定向师范学生、参与公费定向师范教育是实现个人利益、成就自我发展的一个工具，即"学以为己"。当然，"乡贤文化，既包括古代乡贤留下的文物、文献、传说以及热爱乡土、关心乡村世道人心及维护乡村社会秩序、以德服人的优良传统和文化精神，又包含了现代乡村精英对传统乡贤精神的继承、践行与创新"。② 在引导学习投入满足个体需要的同时，乡贤文化自觉指向公共精神的塑造，更看重公费定向师范生心怀乡土，具有勇担重任、保家卫国、心怀天下的道德修为和价值追求，达成"学以为己"与"学以为人"并举，呈现出"成人为己，成己达人"的学习状态和学习结果。

人的身心全面发展包括个人的能力和社会关系的全面发展。③ 按照教育的现实结果，个体需要的学习投入引导指向个人能力的身心全面发展，家国期待的学习投入引导指向个人社会关系的身心全面发展。因此，所谓家国期待，不过是对公费定向师范生社会关系的全面发展的一种期待。内

---

① ［美］兰德.自私的德行［M］.焦晓菊，译.北京：华夏出版社，2014：4.

② 季中扬，胡燕.当代乡村建设中乡贤文化自觉与践行路径［J］.江苏社会科学，2016（2）：171-176.

③ 肖川.主体性道德人格教育［M］.北京：北京师范大学出版社，2002：69.

含公共精神成分的乡贤文化和指向公共精神塑造的乡贤文化实践，就是要求公费定向师范生摆脱个人私利的狭隘性，以开放博达的胸襟和心怀天下的追求，为乡土和家乡奉献自己的一分力量，确证自己的人生价值，将个人的职业发展与国家社会的期待紧密联系一起。

第三节 公费定向师范生教育的乡贤文化愿景

从教育政策本身来看，乡村学校公费定向师范生教育计划旨在培育乡村教师。但秉持乡贤文化自觉的公费定向师范生教育，不能止于培育乡村教师，或者说不能纯粹地培育乡村教师。把公费定向师范生培育成为乡村教师，只是一种"底线要求"，而非"最高标准"。立足于乡贤文化自觉的公费定向师范生教育实践，只是更好培育乡村教师的实践手段。成为"下得去""留得住""教得好""有发展"的乡村教师，绝不能是公费定向师范生专业成长与职业发展的终点。乡贤文化自觉决定了公费定向师范生培养，应该怀有追求更高目标、更好生活的理想和信念。在乡贤文化自觉过程中，公费定向师范生教育需要着眼于"乡村教师培育"，超越"乡村教师培育"。超越乡村教师培育的公费定向师范生教育，要把公费定向师范生看成是以教育为志业、为乡村教育未来负责、超越世俗教育情怀、追求教师幸福生活的"人"。乡贤文化包含了现代乡村精英对传统乡贤精神的继承、践行与创新，由此来看，以乡村教师身份作为乡村知识分子，从乡村教师走向乡村教育家，由乡村教师成为时代新乡贤，成为公费定向师范生教育的乡贤文化愿景。

第五章 乡贤文化自觉：公费定向师范生教育的价值定向

一、作为乡村知识分子

古代社会的乡村教师是乡村社会的文化精英，是乡村里少数的知识分子。但在现代社会的教师专业化浪潮不断冲击下，乡村教师往往受制于专业发展的规约，被赋予"知识的传授者""学习的促进者""教学的设计者""心理的调节者""家长的沟通者"等角色与身份，继而将其围困在课程与教学的专业门庭里。浓郁的专业情结容易导致乡村教师退化为乡村社会的"教书先生"，两耳只闻专业事。乡村教师之于乡村的知识分子身份，随着现代文明与教师专业化的发展而日渐式微：其知识者角色正在弱化，其文化人身份正在消失，其政治精英地位正在旁落。帮助乡村教师回归内心，融入生活，回归乡土，是回归乡村教师知识分子身份与促进其专业化发展的重要力量源泉。[①] 不谋而合的是，乡贤文化的精神内涵既含有热爱乡土、服务农桑的入世情怀，又包含勇于担当、改造社会的责任意识。立足于乡贤文化自觉，培养乡村教师的公费定向师范生活动，正是回归乡村教师知识分子身份的教育实践过程。公费定向师范生培养不能局限于乡村教师的专业性发展，要在坚持专业性优先发展的同时，回归乡土，促进公费定向师范生对乡村教师公共身份或社会角色的认知与认同。仅仅致力于乡村教师专业性发展的公费定向师范生教育，不能体现乡贤文化自觉的核心要义，否则，乡贤文化自觉自然成了质非文是之事。因此，把公费定向师范生作为乡村知识分子来培养，努力构建公费定向师范生的新时代乡村知识分子形象，成为公费定向师范生教育的乡贤文化愿景。

---

① 唐松林，丁璐.论乡村教师作为乡村知识分子身份的式微[J].湖南师范大学教育科学学报，2013（1）：52-56.

不可否认，乡村教师本身作为乡村知识分子，可能容易引起争论。因为对知识分子的理解不同，导致对乡村教师作为乡村知识分子的判断不同。知识分子的概念与内涵，仁者见仁智者见智，有传统知识分子与有机知识分子之分（安东尼奥·葛兰西所划分），有现代知识分子与古代知识分子之分（朱利安·班达所划分），有普遍知识分子与特殊知识分子之分（福柯所划分），等等。但自由的、批判的、超越的、求真的、向善的、正义的精神，是知识分子的共有特征。教师身为知识的传播者和道德的教化者，其职业标准和精神属性是符合知识分子要义的。[①] 或许"乡村教师"与"知识分子"不在同一语义范畴，但身处乡村社会场域之中的乡村教师，难以脱身于乡村空间，在应然层面，关注作为公共领域的乡村社会正是凸显主体意识的标志。因此，把公费定向师范生作为乡村知识分子来培养，具有正当性和合理性。培养公费定向师范生具有乡村知识分子的职责和使命，可谓乡贤文化自觉的实践表现。进一步说，公费定向师范生作为乡村知识分子的职责和使命在于：立足乡村学校教育空间，借助学科专业知识与能力，秉持求真的科学精神，践行向善的专业伦理，关心乡土文化传承，引导乡村社会教化，促进乡村儿童的自由个性而全面发展，为美丽乡村建设和良善乡村社会而努力。公费定向师范生教育承载着乡村教育发展的无尽期许，承载着乡贤文化自觉的无尽愿景。

二、走向乡村教育家

绝大多数乡贤是地方精英或民间权威的代表，因而乡贤文化自觉不仅

[①] 申卫革.教师专业标准中"教师作为知识分子"角色的缺失［J］.陕西师范大学学报（哲学社会科学版），2014（6）：165-169.

第五章 乡贤文化自觉：公费定向师范生教育的价值定向

要求个体以德行、才能、声望标榜自身，而且要求个体追求成为像地方精英或民间权威那样的人。乡村教师作为乡村社会的知识分子，暗含公费定向师范生教育的乡贤文化愿景，是在强调公费定向师范生回归乡土、扎根乡土、热爱乡土、奉献乡土的基础上，全力以赴、孜孜追求成为一名乡村教育家。走向乡村教育家，意味着公费定向师范生不能把做乡村教师当成一种职业、一种谋生方式，不能把从事乡村教育当成简单的专业劳动和技术操作，而是把乡村教育作为自己毕生为之奋斗的志业。超越乡村教师而走向乡村教育家，具有一定的必要性和可能性。

第一，走向乡村教育家的公费定向师范生培养是教育发展的时代诉求。当前功利化与工具化的教育现实，忘记了教育中"人"的存在意义和内在价值，丧失了教育本该拥有的人性关怀，呈现出教育的人性放逐图景。以上教育问题，"不是一些简单的教育改革程序中的技术问题，而是价值取向问题。我们不是需要一些教育专家来治疗教育中存在的各种操作性问题，我们需要的是那些追寻和守护教育普遍价值并把这些价值贯彻在学校教育实践中的人。这些人可以称之为教育家。"[1]因此，"培养造就一批教育家"成为诊治教育功利化、教育工具化等发展问题的一剂良方。同时乡村教育"希望更多的校长和教师成为教育家"[2]，成为乡村教育家也是"支撑农村教师专业发展的信念"[3]。在此时代背景下，超越乡村教师而走向乡村教育家作为公费定向师范生教育的乡贤文化愿景，是相当必要的。

第二，走向乡村教育家的公费定向师范生培养具有实现的可能性。乡

---

[1] 金生鈜. 以教育为志业：教育家的精神实质[J]. 中国教育学刊，2011（7）：1-6.

[2] 顾明远. 希望更多的校长和教师成为教育家[J]. 人民教育，2010（13/14）：58-60.

[3] 赵敏. 乡村教育家：支撑农村教师专业发展的信念[J]. 学校管理，2009（4）：42.

村教育家并非神秘人物，可望而不可及。古今中外，乡村教育家灿若群星，他们身上有着共同的精神特质。"不管哪种类型的教育家都要符合以下标准：有实践、有素质、有创造、有成就、有影响。"[1]以此来看，一名乡村教师，如果有实践、有素质、有创造、有成就、有影响，就可以称为乡村教育家，就可以成为乡村教育家。培养公费定向师范生成为有实践、有素质、有创造、有成就、有影响的乡村教师，就是把他们朝着乡村教育家去培养。有实践、有素质、有创造、有成就、有影响，并非不可实现。当然，这不是说公费定向师范生成为乡村教育家是一件容易之事。教育家是从教者的最高境界。[2]走向乡村教育家的公费定向师范生教育，需要培养他们耕耘于乡土沃土的深厚教育情怀，把乡村教育视为自己毕生的事业和志业，以正直、勇敢、执着、忠诚的品格突破各种困难，勇往直前，矢志不渝。

回望教育的历史发现，民国时期的乡村教育家，"以农为本，具有强国富民的教育理想；化民成俗，具有坚定的教育信仰；投身乡村建设，具有浓郁的桑梓情怀；理论与实验实践相结合，具有探索研究的革新精神"[3]，展现了乡村教育家的可贵品质。以史为鉴，超越乡村教师而走向乡村教育家的公费定向师范生，不但要以乡村教育为至上、为乡村教育而存在，而且要以革新乡村教育、建设美丽乡村的伟大气魄，奉献于乡村大地，描绘新时代乡村教育蓝图。

---

[1] 刘庆昌．论教育家[J]．山西大学学报（哲学社会科学版），2001（5）：10-11．

[2] 刘庆昌．论从教者的三重境界：教者、教育者、教育家[J]．太原师范学院学报（社会科学版），2010（3）：9-15．

[3] 郝德贤．论民国时期乡村教育家精神特质及其当代启示[J]．宁波大学学报（教育科学版），2017（5）：31-36．

三、成为时代新乡贤

乡村教师扮演乡贤角色、怀有乡贤身份、具备乡贤精神，不是现代社会所孕育，而是古代社会就如此。"在中国漫长的乡村社会历史上，传统乡村塾师曾经担当过乡村文化的代言人、乡村礼教的承担者、乡村治理的协助者等乡贤角色，其经历了自我形成和环境塑造内外并行的发展过程。"[①]传统社会的乡村教师乡贤角色之形成，一方面受制于自身的品行、学识和声望，另一方面受制于乡村的政治体系、社会环境和文化观念。作为"乡曲之导师，地方之柱石，一方文家之重镇"[②]，乡村教师担当乡贤角色无可争议。立足于乡贤文化自觉的公费定向师范生教育，深刻领会现代社会的时代乡贤内涵，为公费定向师范生培养注入乡贤文化精神，增强公费定向师范生文化传播、道德教化、社会治理的乡土责任与奉献品格，应当成为公费定向师范生培养的理想和希望。因此，全力培养公费定向师范生成为时代新乡贤，是公费定向师范生教育的又一乡贤文化愿景。

一百年前，陶行知断言："乡村教育政策是乡村学校做改造乡村生活的中心，乡村教师做改造乡村生活的灵魂。乡村师范之主旨在造就有农夫身手、科学头脑、改造社会精神的教师。"[③]乡村学校、乡村教师、乡村生活三者，是融为一体的。存在于乡村中的乡村学校，如果对乡村生活改造毫无意义，对乡村社会发展毫无贡献，"乡村学校作为乡村文化高地"[④]

---

① 肖正德.传统乡村塾师的乡贤角色及当代启示[J].社会科学战线，2020（11）：232-239.

② 王尔敏.明清社会文化生态[M].台北：台湾商务印书馆，1997：59.

③ 徐莹晖，徐志辉.陶行知论乡村教育[M].成都：四川教育出版社，2010：47.

④ 顾玉军.乡村振兴中乡村教师助力乡村文化传承路径探析[J].教育理论与实践，2019（13）：47-50.

将会面临毁灭。存在于乡村中的乡村教师，如果对乡村生活改造毫无付出，对乡村社会发展毫无价值，乡村教师将会彻底沦为"教书匠"。在乡村振兴战略背景之下，乡村教师成为改造乡村文化面貌与生活面貌的主力军。因此，以乡贤文化自觉作为公费定向师范生教育的价值定位，就是要教育公费定向师范生养成乡贤精神和乡贤品质，成为时代新乡贤，积极发挥新乡贤作用。这意味着，不仅要培育公费定向师范生正确的职业观与价值观，使其守望职业信念，掌握现代知识，而且要培育公费定向师范生服务乡村、扎根乡村的教育理想，使其增强公共意识，厚植乡土情怀，具备乡土责任感与奉献品格。

有人认为："有乡贤的乡村才是和美的，有乡贤的乡村才是宜居的，有乡贤的乡村才有明天。中国乡村正处在历史转折点上，能否再造乡贤，或许是引导农村未来走向的决定力量之一。"[①] 套用此话，有乡村教师担任乡贤角色的乡村教育才是美好的，有乡村教师担任乡贤角色的乡村教育才是幸运的，有乡村教师担任乡贤角色的乡村教育才有未来。中国乡村教育正处在乡村振兴与乡村发展的关键节点，能否促进乡村教师成为时代新乡贤，或许是引导乡村教育未来走向的决定力量之一。

本章结语

不管是培养院校推进实施的公费定向师范生教育活动，还是公费定向师范生表现出来的入学动机和学业成就，都面临着一个共同困境：在"城市中心导向"的公费定向师范生教育过程中，在"乡土情怀不足"的公费

---

① 赵法生.再造乡贤群体 重建乡土文明[N].光明日报，2014-08-11（02）.

第五章　乡贤文化自觉：公费定向师范生教育的价值定向

定向师范生教育实践中，公费定向师范生教育被纳入一个与普通师范生教育无差别的教育模式，由于缺乏"乡村属性"的内在支持，导致无视师范教育、乡村教育、乡村社会三者之间的良性互动，造成一切教育行为都无法内化为培育乡村教师的勃勃生机。探索走出困境的可能之路，以乡贤文化引领公费定向师范生教育成为一种选择。公费定向师范生教育的乡贤文化自觉，是培养公费定向师范生对乡村教育、乡村建设的主动担当，塑造爱教、乐教、善教的未来乡村教师，更大更远更深的目的在于，秉持乡贤文化自觉促使公费定向师范生成为乡村知识分子、走向乡村教育家、成为时代新乡贤。乡贤文化自觉始终是一个"文化问题"，以及文化覆盖之下的"价值问题"。"中国问题并不是什么旁的问题，就是文化失调。"[①]公费定向师范生教育问题并不是什么问题，也是文化失调问题，以及文化失调带来的价值偏向问题。立足于乡贤文化自觉的公费定向师范生教育实践，虽然已有星火燃起，但是燎原之势仍在蓄发，可能明天就会到来。

---

① 梁漱溟.乡村建设理论[M].上海：上海人民出版社，2011：23.

参考文献

一、期刊、报纸

[1] 郭培贵. 朱元璋的兴学重教及其历史地位[J]. 河南师范大学学报：哲学社会科学版，1993（1）：114-118.

[2] 阎步克. 儒·师·教：中国早期知识分子与"政统""道统"关系的来源[J]. 战略与管理，1994（2）：109-119.

[3] 费孝通. 反思·对话·文化自觉[J]. 北京大学学报：哲学社会科学版，1997（3）：15-22.

[4] 聂凤峻. 论目的与手段的相互关系[J]. 文史哲，1998（6）：74-77.

[5] 盛晓明. 地方性知识的构造[J]. 哲学研究，2000（12）：36-44.

[6] 李绪柏. 明清广东的社学[J]. 学术研究，2001（3）：75-81.

[7] 刘庆昌. 论教育家[J]. 山西大学学报：哲学社会科学版，2001（5）：6-11.

[8] 田慧生. 关于农村教师队伍建设问题的思考[J]. 教育研究，

2003（8）：5-8．

[9] 刘晓东．明代的社师与基层社会［J］．东北师大学报：哲学社会科学版，2004（5）：102-108．

[10] 李宗桂．文化自觉与文化发展［J］．中山大学学报：社会科学版，2004（6）：161-165．

[11] 项贤明．中国西部农村教师社会责任的功能性扩展［J］．教育研究，2004（10）：9-14．

[12] 宛恬伊．大学生职业地位获得实证研究［J］．青年研究，2005（12）：24-31．

[13] 顾明远，石中英．学习型社会：以学习求发展［J］．北京师范大学学报：社会科学版，2006（1）：5-14．

[14] 秦玉友．农村教师素质提升的现实困境与破解思路［J］．教育研究，2008（3）：35-37．

[15] 张儒辉．外在规约：乡村教师公共性旁落的根源［J］．大学教育科学，2008（5）：64-66．

[16] 范先佐，郭清扬．我国农村中小学布局调整的成效、问题及对策：基于中西部地区6省区的调查与分析［J］．教育研究，2009（1）：31-38．

[17] 王海明．契约概念辨难［J］．华侨大学学报：哲学社会科学版，2010（1）：1-6．

[18] 顾明远．希望更多的校长和教师成为教育家［J］．人民教育，2010（13/14）：58-60．

[19] 苏春景，张济洲．从农村教师教育现状调查看地方高师课程改

革[J]. 课程·教材·教法, 2010（8）: 84-87.

[20] 李长吉. 农村教师: 改造乡村生活的灵魂——兼论农村教师的知识分子身份[J]. 教师教育研究, 2011（1）: 29-32.

[21] 蔡明兰. 教师流动: 问题与破解——基于安徽省城乡教师流动意愿的调查分析[J]. 教育研究, 2011（2）: 92-97.

[22] 李高峰. 免费师范生三大报考动机的调查研究[J]. 教育科学, 2011（2）: 24-29.

[23] 金生鈜. 以教育为志业: 教育家的精神实质[J]. 中国教育学刊, 2011（7）: 1-6.

[24] 唐松林. 理想的寂灭与复燃: 重新发现乡村教师[J]. 中国教育学刊, 2012（7）: 28-31.

[25] 吴虹雨, 朱成科. 教师不能承受之重: 对农村教师社会责任扩大化的思考[J]. 教育科学研究, 2012（8）: 36-40.

[26] 张济洲. 农村教师的文化困境及公共性重建[J]. 教育科学, 2013（1）: 51-54.

[27] 唐松林, 丁璐. 论乡村教师作为乡村知识分子身份的式微[J]. 湖南师范大学教育科学学报, 2013（1）: 52-56.

[28] 金生鈜. 何为教育实践[J]. 华东师范大学学报: 教育科学版, 2014（2）: 13-20.

[29] 岳昌君, 张恺. 高校毕业生求职结果及起薪的影响因素研究——基于2013年全国高校抽样调查数据的实证分析[J]. 教育研究, 2014（11）: 72-83.

[30] 孙兴华, 马云鹏. 乡村教师能力素质提升的检视与思考[J]. 教育

研究，2015（5）：105-113.

[31] 袁强. 教师教育类课程模块化设计与实施：基于卓越教师培养的视角[J]. 课程·教材·教法，2015（6）：109-115.

[32] 徐继存，高盼望. 民国乡村教师的社会形象及其时代特征[J]. 教师教育研究，2015（4）：80-85.

[33] 闫惠惠，郝书翠. 背离与共建：现代性视阈下乡村文化的危机与重建[J]. 湖北大学学报：哲学社会科学版，2016（1）：152-158.

[34] 钱念孙. 乡贤文化为什么与我们渐行渐远[J]. 学术界，2016（3）：38-44.

[35] 李晓斐. 当代乡贤：地方精英抑或民间权威[J]. 华南农业大学学报：社会科学版，2016（4）：135-140.

[36] 汪明帅，郑秋香. 从"边缘人"走向"传承者"——回归乡土的乡村教师发展研究[J]. 教育发展研究，2016（8）：13-19.

[37] 晏成步. 大学学费制度：国际经验与中国选择[J]. 教育与经济，2017（2）：84-90.

[38] 程猛. 建国以来农村教师的身份认同变迁[J]. 当代教育科学，2017（12）：22-25.

[39] 李金哲. 困境与路径：以新乡贤推进当代乡村治理[J]. 求实，2017（6）：87-96.

[40] 李思琪. 新乡贤：价值、祛弊与发展路径[J]. 国家治理，2018（3）：28-36.

[41] 沈晓燕. 城镇化背景下乡村教师知识分子身份的式微与重构[J].

教育发展研究，2018（20）：34-42.

[42] 李斌雄，孔希宇. 新乡贤传承和引领乡村核心价值观的机制研究[J]. 社会主义核心价值观研究，2018（5）：53-62.

[43] 吴莉娅. 新乡贤在乡村振兴中的作用机制研究[J]. 中国特色社会主义研究，2018（6）：86-90.

[44] 周耀杭，刘义强. 新农村建设中的新乡贤：价值与限度[J]. 广西大学学报：哲学社会科学版，2018（6）：32-39.

[45] 黄爱教. 新乡贤助推乡村振兴的政策空间、阻碍因素及对策[J]. 理论月刊，2019（1）：78-84.

[46] 姚岩，郑新蓉. 走向文化自觉：新生代乡村教师的离农化困境及其应对[J]. 中小学管理，2019（2）：12-15.

[47] 吉标，刘擎擎. 民国时期乡村教师的乡贤精神探微[J]. 教师发展研究，2019（2）：108-113.

[48] 应小丽. 乡村振兴中新乡贤的培育及其整合效应[J]. 探索，2019（2）：118-125.

[49] 陈玉义，万明钢. 公共视域下乡村教师荣誉制度的实践困境与对策[J]. 中国教育学刊，2019（4）：28-33.

[50] 闫闯. 走向"新乡贤"：乡村教师公共身份的困境突破与角色重塑[J]. 教育科学，2019（4）：77-83.

[51] 吴晓燕，赵普兵. 回归与重塑：乡村振兴中的乡贤参与[J]. 理论探讨，2019（4）：158-164.

[52] 时广军. 澳大利亚乡村教师体验：价值与实践——以TERRR Network项目为例[J]. 比较教育研究，2019（9）：106-112.

[53] 冯誉萱，刘克利. 公费定向师范教育协同：价值、经验与需要［J］. 大学教育科学，2019（5）：68-74.

[54] 赵鑫，谢小蓉. 从"在乡村从教"到"为乡村而教"：我国乡村教师身份认同研究的进展及走向［J］. 当代教育与文化，2020（1）：83-89.

[55] 张兴宇，季中扬. 礼俗互动：农村网格化管理与新乡贤"德治"协同逻辑［J］. 南京农业大学学报（社会科学版），2020（1）：79-89.

[56] 杨运强，杨颖东，李昊宸. 文凭社会的逻辑及其批判：透过文凭追逐及异化现象［J］. 教育学术月刊，2020（3）：47-53.

[57] 车丽娜. 空间嵌入视野下乡村教师社会生活的变迁［J］. 西北师大学报（社会科学版），2020（2）：78-84.

[58] 肖正德. 论乡村振兴战略中乡村教师的新乡贤角色［J］. 教育研究，2020（11）：135-144.

[59] 肖正德. 传统乡村塾师的乡贤角色及当代启示［J］. 社会科学战线，2020（11）：232-239.

[60] 李静美. 农村公费定向师范生"下得去、留得住"的内在逻辑［J］. 中国教育学刊，2020（12）：70-75.

[61] 赵法生. 再造乡贤群体 重建乡土文明［N］. 光明日报，2014-08-11（02）.

[62] 陈旭峰. 乡村教育不可简单城市化［N］. 学习时报，2014-11-17（09）.

[63] 中共中央国务院印发《关于加大改革创新力度加快农业现代化建设

的若干意见》[N]．人民日报，2015-02-02（01）．

[64] 郑新蓉．中国新生代乡村教师调查[N]．中国教师报，2015-09-09（03）．

[65] 李涛．政策误区让农村教师岗位成过渡[N]．中国青年报，2015-09-21（10）．

[66] 秦玉友．"乡村性"：重塑乡村教师专业素养[N]．中国教育报，2015-12-30（09）．

[67] 钱念孙．新农村呼唤新乡贤：代表委员畅谈新乡贤文化[N]．光明日报，2016-03-13．

[68] 中共中央国务院关于实施乡村振兴战略的意见[N]．人民日报，2018-02-05（01）．

[69] 吉标．建构新时代乡村教师乡贤形象[N]．中国社会科学报，2020-11-02（05）．

[70] Posner B Z, Brodsky B. A Leadership Development Instrument for College Students[J]. Journal of College Student Development, 1992, 33（4）: 231-237.

[71] Boyd D, Lankford H, Wyckoff L J. The Draw of Home: How Teachers' Preferences for Proximity Disadvantage Urban Schools[J]. Journal of Policy Analysis & Management, 2003, 24（1）: 113-132.

[72] Dyer C, Choksi A, Awasty V, et al. Knowledge for Teacher Development in India: the Importance of 'Local Knowledge' for in-service Education[J]. International Journal of Educational Development, 2004, 24（1）: 39-52.

［73］Robyn Jorgensen, Peter Grootenboera, Richard Nieschea, et al. Challenges for Teacher Education: the Mismatch between Beliefs and Practice in Remote Indigenous Contexts［J］. Asia-Pacific Journal of Teacher Education, 2010, 38（2）: 161-175.

二、普通图书

［1］陈桂生. 教育学视界辨析［M］. 上海：华东师范大学出版社，1997.

［2］董标. 马克思主义教育思想论纲（修订本）［M］. 徐州：中国矿业大学出版社，1999.

［3］陈桂生. 教育原理（第2版）［M］. 上海：华东师范大学出版社，2000.

［4］张鸣. 乡村社会权力和文化结构的变迁［M］. 南宁：广西人民出版社，2001.

［5］毕世响. 乡村生活的道德文化智慧［M］. 长春：吉林人民出版社，2002.

［6］许纪霖. 公共性与公共知识分子［M］. 南京：江苏人民出版社，2003.

［7］王增进. 后现代与知识分子社会位置［M］. 北京：中国社会科学出版社，2003.

［8］陶行知. 陶行知全集（第2卷）［M］. 成都：四川教育出版社，2005.

［9］刘云杉. 从启蒙者到专业人：中国现代化历程中教师角色演变［M］.

北京：北京师范大学出版社，2006．

[10] 李水山．农村教育史［M］．南宁：广西教育出版社，2007．

[11] 费孝通．乡土中国［M］．北京：人民出版社，2008．

[12] 刘豪兴．农村文化学［M］．北京：中国人民大学出版社，2008．

[13] 扈中平．教育目的论（第2版）［M］．武汉：湖北教育出版社，2008．

[14] 李书磊．村落中的"国家"：文化变迁中的乡村学校［M］．杭州：浙江人民出版社，2009．

[15] 马克思恩格斯文集（第1卷）［M］．北京：人民出版社，2009．

[16] 刘晓东．明代的塾师与基层社会［M］．北京：商务印书馆，2010．

[17] 容中逵．传统与现代的交锋：百年中国乡村教育变迁的实践表达［M］．杭州：浙江大学出版社，2010．

[18] 徐莹晖，徐志辉．陶行知论乡村教育［M］．成都：四川教育出版社，2010．

[19] 梁漱溟．乡村建设理论［M］．上海：上海人民出版社，2011．

[20] 蒋纯焦．中国传统教师文化趣探［M］．上海：上海人民出版社，2012．

[21] 贺雪峰．新乡土中国（修订版）［M］．北京：北京大学出版社，2013．

[22] 张济洲．"乡野"与"庙堂"之间——社会变迁中的乡村教师［M］．北京：中国社会科学出版社，2013．

[23] 刘军宁．保守主义［M］．北京：东方出版社，2014．

[24] 王慧．中国当代农村教育史论［M］．北京：光明日报出版社，

2014.

[25] 蒋馨岚. 传统与超越：师范生免费教育制度的价值研究[M]. 青岛：中国海洋大学出版社，2015.

[26] 叶菊艳. 教师身份建构的历史社会学考察[M]. 北京：北京师范大学出版社，2017.

[27] 杜亮，等. 回归与希望：乡村青年教师口述史[M]. 南宁：广西教育出版社，2018.

[28] 贺雪峰. 回乡记：我们眼中的流动中国[M]. 北京：中信出版社，2018.

[29] 胡艳，等. 泥土上的脚印：新中国第二代乡村教师口述史[M]. 南宁：广西教育出版社，2018.

[30] 郑新蓉，等. 开拓者的足迹：新中国第一代乡村教师口述史[M]. 南宁：广西教育出版社，2018.

[31] 蒋威. 清代江南乡村塾师与地方社会[M]. 北京：中国社会科学出版社，2019.

[32] [德]雅斯贝尔斯. 什么是教育[M]. 邹进，译. 北京：生活·读书·新知三联书店，1991.

[33] [美]麦克尼尔. 新社会契约论[M]. 雷喜宁，译. 北京：中国政法大学出版社，1994.

[34] [美]麦金太尔. 德性之后[M]. 龚群，等译. 北京：中国社会科学出版社，1995.

[35] [德]沃尔夫冈布列钦卡. 教育科学的基本概念[M]. 胡劲松，译. 上海：华东师范大学出版社，2001.

[36] [美]波斯纳. 公共知识分子：衰落之研究[M]. 徐昕, 译. 北京：中国政法大学出版社, 2002.

[37] [古希腊]亚里士多德. 尼各马可伦理学[M]. 廖申白, 译. 北京：商务印书馆, 2003.

[38] [美]刘易斯·科塞. 理念人[M]. 郭方, 等译. 北京：中央编译出版社, 2004.

[39] [美]道格拉斯·C·诺思. 制度、制度变迁与经济绩效[M]. 杭行, 译. 上海：格致出版社, 2008.

[40] [德]勒佩尼斯. 何谓欧洲知识分子：欧洲历史中的知识分子和精神政治[M]. 李焰明, 译. 桂林：广西师范大学出版社, 2011.

[41] [英]史蒂文森. 文化公民身份：全球一体化问题[M]. 王晓燕, 王丽娜, 译. 北京：北京大学出版社, 2011.

[42] [美]兰德尔·柯林斯. 文凭社会：教育与分层的历史社会学[M]. 刘冉, 译. 北京：北京大学出版社, 2018.

[43] [加]马克斯·范梅南. 教育的情调[M]. 李树英, 译. 北京：教育科学出版社, 2019.

[44] Hayek FA. Studies in Philosophy, Politics and Economics[M]. New York：Routledge, Kegan Paul Ltd, 1967.

[45] Olsen B. Teaching What They Learn, Learning What They Live[M]. Boulder：Paradigm Publishers, 2008.

[46] Bathmaker A M, Harnett P. Exploring Learning, Identity and Power through Life History and Narrative Research[M]. London & New York：Routledge, 2010.

三、电子资源

［1］中华人民共和国教育部．国务院办公厅转发教育部等部门关于教育部直属师范大学师范生免费教育实施办法（试行）的通知［EB/OL］.［2007-05-14］.http：//www.gov.cn/zwgk/2007-05/14/content_614039.htm.

［2］中华人民共和国教育部．教育部关于加强师范生教育实践的意见［EB/OL］.［2016-04-07］.http：//www.moe.gov.cn/srcsite/A10/s7011/201604/t20160407_237042.html.

［3］中国政府网．中共中央办公厅 国务院办公厅印发《关于实施中华优秀传统文化传承发展工程的意见》［EB/OL］.［2017-01-25］.http：//www.gov.cn/zhengce/2017-01/25/content_5163472.htm.

［4］湖南省委教育工委宣传部．湖南省农村教师公费定向培养工作介绍［EB/OL］.［2017-05-08］.http：//www.moe.gov.cn/jyb_xwfb/xw_zt/moe_357/jyzt_2017nztzl/2017_zt03/2017_zt03_hn/17zt03_yw/201705/t20170508_304048.html.

［5］四川省教育厅．四川省教育厅等四部门关于开展师范生公费定向培养工作的实施意见［EB/OL］.［2018-06-04］.http：//edu.sc.gov.cn/scedu/c100540/2018/6/4/2bf42506028b4b27a12b0dee0aa88955.shtml.

［6］中华人民共和国教育部．国务院办公厅关于转发教育部等部门教育部直属师范大学师范生公费教育实施办法的通知［EB/OL］.［2018-08-10］.http：//www.moe.gov.cn/jyb_xxgk/moe_1777/moe_1778/201808/t20180810_345023.html.

［7］山东省教育厅. 省教育厅等4部门关于印发《山东省师范生公费教育实施办法》的通知［EB/OL］.［2019-11-07］.http：//edu.shandong.gov.cn/art/2019/11/7/art_11990_7809238.html.

［8］广东省教育厅. 广东省教育厅、中共广东省委机构编制委员会办公室、广东省财政厅、广东省人力资源和社会保障厅关于公费定向培养粤东粤西粤北地区中小学教师的实施办法［EB/OL］.［2020-04-22］.http：//edu.gd.gov.cn/zwgk/gfxwj/content/post_2981169.html.

［9］湖南省教育厅. 关于做好2020年初中起点乡村教师公费定向培养计划招生工作的通知［EB/OL］.［2020-05-29］.http：//jyt.hunan.gov.cn/jyt/sjyt/xxgk/tzgg/202005/t20200529_1011686.html.

［10］河南省教育厅. 河南省教育厅关于做好2020年河南省地方公费师范生定向招生工作的通知［EB/OL］.［2020-06-12］.http：//www.henan.gov.cn/2020/06-12/1548766.html.

［11］中华人民共和国教育部. 教育部等六部门关于加强新时代乡村教师队伍建设的意见［EB/OL］.［2020-09-04］.http：//www.gov.cn/zhengce/zhengceku/2020-09/04/content_5540386.html.

［12］湖南省教育厅. 关于印发《湖南省师范生公费教育实施办法》的通知［EB/OL］.［2021-01-20］.http：//jyt.hunan.gov.cn/jyt/sjyt/xxgk/tzgg/202101/t20210120_1031662.html.

后 记

这是一本立足于乡贤文化理念而讨论公费定向师范生教育问题的著作。

从华南师范大学攻读博士学位毕业以后，我入职岭南师范学院（原湛江师范学院）。由于我担任公费定向师范生班级的班主任，跟公费定向师范生有了更多的接触与交流，积累了写作的文献和素材。加上参与我的导师蔡志良教授的教育部重点课题"新时代乡村教师的新乡贤身份研究"，"乡贤文化视域下公费定向师范生教育"写作计划得以产生。

在写作过程中，第四章和第五章的实证数据，得益于跟学生合作研究的结果。其中：第四章的调查数据，来自于指导钟凯祈、胡淼华等同学参加"挑战杯"广东省大学生课外学术科技作品竞赛；第五章的调查数据，来自于指导钟凯祈、胡淼华等同学研究"攀登计划"广东省大学生科技创新培育专项。在此，我对他们在调研过程中克服困难、勇于钻研的行为和精神，表示感谢！

本书的成功出版，离不开领导的支持和前辈的关怀。感谢范兆雄教授、王林发教授、李继波博士、慕彦瑾教授在图书出版过程中提供的经费支持。感谢陈金圣研究员、李乾明教授、周仕德教授、曾茂林教授、魏珂博士在日常工作与学习生活中的鞭策、鼓励和帮助。同时,感谢吉林大学出版社和三仓出版策划公司的辛勤付出!

人是一种社会性动物。人的学术研究不是一个人在"参与"。感谢家人承担了洗衣做饭、照顾孩子等生活琐事。没有他们的辛勤劳动,就不会有良好的写作环境。本书献给我的家人!

是为记。

闫闯

2021年6月12日